Helga-Maria Leicht
Waltraud Schumann
Walter Thierfelder

FRANKEN

Kulinarische Streifzüge

Mit 67 Rezepten,
exklusiv fotografiert
für dieses Buch
von
Hans Joachim Döbbelin

SIGLOCH
EDITION

30 km
fränkisches und tauberfränkisches Weinanbaugebiet
Thüringen
Hessen
Eisenach
Gotha
ERFURT
Weimar
Werra
Fulda
Bad Salzungen
Thüringer Wald
Arnstadt
Rudolstadt
Ilmenau
Saalfeld
Suhl
Meiningen
Vogelsberg
Taufstein 773 m
Fulda
Wasserkuppe 950 m
Rhön
Ostheim
Mellrichstadt
Ludwigsstadt
Bad Brückenau
928 m
Kloster Kreuzberg
Bad Neustadt
Grabfeld
Rodach
Sonneberg
Frankenwald
Neustadt
Bad Bocklet
Münnerstadt
Bad Königshofen
Coburg
Veste Rosenberg
Wallenfels
Kronach
Wasserschloß Mitwitz
Kinzig
Fränk. Saale
Bad Kissingen
Haßberge
Main
Rodach
Hanau
Alzenau
Hammelburg
Unterfranken
Königsberg
Kloster Banz
Lichtenfels
Plassenburg
Hösbach
Mömbris
Sömmersdorf
Schweinfurt
Haßfurt
Staffelstein
Wallfahrtskirche Vierzehnheiligen
Kulmbach
Spessart
Lohr
Aschaffenburg
Karlstadt
Werneck
Oberfranken
Großostheim
Mespelbrunn
Wipfeld
Gerolzhofen
Scheßlitz
Bayreuth
Thüngersheim
Marktheidenfeld
Veitshöchheim
Unterpleichfeld
Volkach
Steigerwald
Ebrach
Bamberg
Fränkische Schweiz
Hirschaid
Erlenbach
Main
WÜRZBURG
Dettelbach
Prichsenstadt
Pommersfelden
Ebermannstadt
Muggendorf
Wertheim
Sulzfeld
Kitzingen
Schloß Weißenstein
Pottenstein
Pegnitz
Miltenberg
Sommerhausen
Iphofen
Marktsteft
Höchstadt
Forchheim
Wiesent
Odenwald
Ochsenfurt
Marktbreit
Scheinfeld
Aisch
Teichwirtschaft
Gräfenberg
498 m
Neustadt
ERLANGEN
Uffenheim
Herzogenaurach
Heroldsberg
Hersbruck
Röttingen
Bad Windsheim
Knoblauch
Bad Mergentheim
Creglingen
Fürth
Lauf
Stuppach
Tauber
Frankenhöhe
Cadolzburg
Zirndorf
NÜRNBERG
Mosbach
Rothenburg o. d. Tauber
Stein
Altdorf
Hohenlohe-Franken
Neckar
Leutershausen
Ansbach
Schwabach
Feucht
Künzelsau
Rhein-Main-Donau-Kanal
Neumarkt
Mittelfranken
Neckarsulm
Kocher
Jagst
Herrieden
Wolframs-Eschenbach
Roth
Öhringen
Feuchtwangen
Spalt
Hopfen
HEILBRONN
Crailsheim
Gunzenhausen
Brombachsee
Schwäbisch Hall
Dinkelsbühl
Hesselberg 689 m
Baden-Württemberg
Bietigheim-Bissingen
Weißenburg
Backnang
Wörnitz
Treuchtlingen
Ludwigsburg
Kocher
Nördlinger Ries
Altmühl
Aalen
STUTTGART
Schwäbisch Gmünd
Sindelfingen
Esslingen
Göppingen
Donau
Neuburg
Ingolstadt
Donaumoos
Heidenheim
Paar

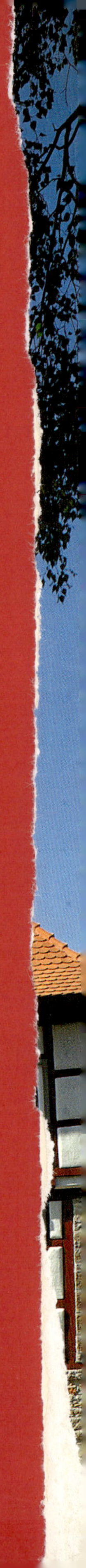

Sachsen-Anhalt
Weiße Elster
Saale
JENA
GERA
ZWICKAU
Greiz
Reichenbach
Plauen
Vogtland
Sachsen
Hof
Helmbrechts
Rehau
Münchberg
Fichtel-gebirge
Selb
TSCHECHISCHE REPUBLIK
Eger
Ochsenkopf 1024 m
Wunsiedel
Cheb (Eger)
Marktredwitz
Weidenberg
Waldnaab
Weiden
Oberpfalz
Amberg
Schwandorf
Naab
Regen
Bayern
REGENSBURG
Gr. Laaber

Inhalt

Zur Abbildung auf Seite 2: Franken, Land der Mitte, Durchzugsland, Land vieler Kriege. Da galt es stets, sich mit Mauern, Türmen, Toren zu schützen. Das Rödelseer Tor in Iphofen ist in Franken sicher eines der malerischsten und bekanntesten.

Oben: Die Fruchtbarkeit Frankens hat Eroberer und Besiedler stets angezogen. Die reiche Fülle der Agrarprodukte kann man heute wie damals auf den Märkten bewundern.

Liebe Leserinnen und Leser,
gemeinhin gelten wir als zwei Spezialistinnen in fränkischer Gastronomie, unser Ruf soll auch über Franken hinaus gedrungen sein. So haben wir uns einmal losgelöst von der täglichen, schönen Arbeit, unsere Gäste zu verwöhnen. Einige Küchengeheimnisse werden da schon preisgegeben, aber wir tun das gern. Es hat Spaß gemacht, auch in alten, handgeschriebenen Rezepten zu stöbern. Und dabei konnte manches Urfränkische ausgegraben werden.

Ihre Helga-Maria Leicht und Waltraud Schumann

Franke aus Passion, drängt es mich zu berichten, wie es den Franken in der Geschichte erging und welch selbstbewußtes und freundliches Volk sie bis auf den heutigen Tag geblieben sind. Worauf sie mit Recht stolz sind, wird ausgebreitet, und die kulturellen Kostbarkeiten, die das Land in überreichem Maße besitzt, dazu die reiche Palette der kulinarischen Besonderheiten. Die Genüsse, denen Franken sich hingeben, laden ein zu einer Entdeckungsreise voller Überraschungen.

Ihr Walter Thierfelder

Welch' Geschichte und Esskultur

Die Frechen und die Gelockten

„Das Volk der Franken, hochberühmt, Gottes Schöpfung, tapfer in Waffen, getreu im Friedensbund, voll tiefer Weisheit beim Rat, von auserlesener Gestalt, helleuchtendem Antlitz und hochragendem Wuchs, kühn, behend und abgehärtet . . . Es lebe, wer die Franken liebt . . . Denn sie sind das Volk, das in seiner Tapferkeit mit gewaltiger Stärke das harte Joch der Römer im Kampf zerbrach . . ."

Vor etwa fünfzehnhundert Jahren stellten sich die Franken mit obigen Worten selbst vor, selbstbewußt und stolz. Da diese Sätze niedergeschrieben wurden, waren die Franken gerade dabei, zum Mittelmain vorzudringen, in das heutige Frankenland, nachdem sie die Römer und Hunnen besiegt hatten.

Etwas vom Ruhm dieses erfolgreichsten Germanenstammes meint man heute noch aus manchem Franken herauszuhören, wenn er den Namen Franke erklärt, wenn Geschichte, Kunst und Literatur seines Landes sich in seinem Munde zu einem Loblied steigern.

Der Name Franke war zuerst so etwas ähnliches wie ein Schimpfname, den die Römer den aufsässigen germanischen Völkerschaften am Mittel- und Niederrhein gaben. Er bedeutete soviel wie „frech und dreist", aber auch „mutig und kühn". Dieser bunt zusammengewürfelte Völkerhaufen – diese Guerilleros – machte den Römern schwer zu schaffen. Denn sie waren nicht nur unbotmäßig, sondern auch grundgescheit, anpassungsfähig. Sie lernten schnell von den Römern und arrangierten sich schließlich mit ihnen, bis sie im 4. Jahrhundert dann die nördliche Rheingrenze der römischen Provinz Gallien überschritten.

Die rauhen, ungehobelten Burschen mit ihren Zöpfen, ihren herabhängenden Schnauzbärten und ihrer zweischneidigen Axt Franziska wurden als arme Schlucker bei ihrer Einwanderung vom römischen Heermeister Constantius mit herrenlosem oder enteignetem Land beschenkt und blieben so im allgemeinen recht friedlich. Mit Merowech, einem Teilkönig der salischen Franken, begann dann die Dynastie der „Gelockten", der Merowinger. Unter dessen Enkel Chlodowech ensteht schließlich das gewaltige Frankenreich. Dabei geht er zielbewußt vor. Er läßt sich taufen,

Tradition wird in Franken großgeschrieben. Man ist stolz auf seine Vergangenheit. In Effeltrich, am Rande der Fränkischen Schweiz, zeigt man nicht nur gerne seine sehenswerte Kirchenburg, man pflegt auch noch die alten Trachten. Zu den großen Festen kann man viel Kostbares bewundern, so die bunten Brautkronen junger Mädchen.

Auf den Fluren und in den Weinbergen zeugen viele Bildstöcke von der Frömmigkeit der Franken.

stellt sich damit gut mit der Kirche des besetzten Landes, beseitigt mit List und Gewalt andere fränkische Teilkönige und kaschiert mit dem Glanz seines Glaubenseifers seine Eroberungszüge. Er besiegt die Burgunder, die Alemannen und dringt über den Neckar in die Gebiete um den Main vor. – Vielleicht haben die Franken da schon die ersten lukullischen Anregungen aus Frankreich mitgebracht, wenn auch die berühmte französische Küche eigentlich erst im 16. Jahrhundert unter Katharina von Medici entstanden ist.

Jedenfalls lassen sich die Franken, einmal am Main, dort als Kolonisten nieder, werden Verwalter auf den Königsgütern. Sie dürften aber gegenüber der Bevölkerung, die sie vorfanden, einem Gemisch aus Kelten, Thüringern und Alemannen samt den „Fußkranken", die von der Völkerwanderung zurückgeblieben waren, zuerst in der Minderheit gewesen sein. Es ist dies die erste fränkische Landnahme auf den fruchtbaren Löß- und Gipskeupergäuen mit dem Schweinfurter Becken, dem Maindreieck, Steigerwaldvorland, dem Ochsenfurter Gau und der Windsheimer Bucht – Gebieten, die heute noch zu den fruchtbarsten Landschaften Frankens gehören. Später erfolgt dann unter den Karolingern die Besitznahme des Keuper- und Juralandes.

Vom 12. Jahrhundert an, unter den Staufern, erlebt Franken schließlich seine erste kulturelle Blütezeit. Wolfram von Eschenbach, der gedankentiefste und sprachgewaltigste Epiker des Mittelalters, ein Höhepunkt europäischer Klassik, wird in Franken geboren und dichtet dort seinen Parsifal. Walther von der Vogelweide, dessen Geburtsort einige Wissenschaftler bei Feuchtwangen vermuten, ist überglücklich, da er in Würzburg sein Lehen erhält, sich nicht mehr an Fürstenhöfen „durchschnorren" und geizige Herren anbetteln muß. Er wird schließlich dort begraben.

Der Minnesänger Otto von der Bodenlaube, im Heiligen Land unermeßlich reich geworden, verläßt „Frau Welt", entäußert sich aller Güter und zieht sich mit seiner Frau zu einem mystischen Leben ins Kloster zurück. Ihr Grabmal im Kloster Frauenroth gehört zu den kostbarsten Schätzen Frankens, laut dem Kunsthistoriker Dehio „in der poesievollen Idealisierung höfischer

Vornehmheit unerreicht". Höchsten Ausdruck staufischen Rittertums findet die Kunst im Bamberger Reiter, jenem Idealbild ritterlichen Wesens, dem in seiner kraftvollen Beherrschtheit, dem seherischen Blick in die Ferne und der genialen bildhauerischen Gestaltung nichts gleichkommt. Die Bevorzugung Würzburgs für allerhöchste Anlässe begann bereits unter den Saliern Heinrich IV. und Heinrich V. Höhepunkt war, als Friedrich I., Barbarossa, Würzburg zu seiner „heimlichen Hauptstadt" machte. Immer wieder hielt er Reichs- und Hoftage dort ab, wie die Staufer nach ihm. 1156 heiratete er Beatrix von Burgund in Würzburg, und die vielen Ausgaben für die Bewirtung von Rittern und Fürsten, den glänzenden Gesandtschaften, brachten die Stadt und das Bistum an den Rand des Ruins. Denn sie hatten für das Wohl der Gäste aufzukommen. Es ist nicht auszuschließen, daß damals einiges, was den Leuten so in die Nase zog, ins Auge stach, die Landesküche inspiriert hat.

Aber was von großen Festen und Essen des Mittelalters in alten Quellen zu lesen ist, hört sich alles schön und wohlschmeckend an, doch es sagt nichts über den grauen Alltag, über das, was der gemeine Mann sich leisten konnte. Da stand an erster Stelle

Auf dem Staffelberg über dem oberen Maintal wohnten schon in der jüngeren Steinzeit Menschen. Die Kelten bauten dort eine befestigte Siedlung.

Nächste Doppelseite: Von Miltenberg, mit Türmen, spitzwinkligen Dächern und Burg malerisch an den Main drapiert, sagte Elly Heuss-Knapp zu Recht, es sei „deutsches Mittelalter schlechthin".

HOTEL

Auch in Franken ernährten sich die einfachen Leute damals von Brei in den verschiedensten Variationen.

Rechte Seite: Als Tilman Riemenschneider für die Marienkirche in Würzburg sein erstes Werk schuf, war er mit den Statuen von Adam und Eva höchst modern: Erstmalig wurde das erste Menschenpaar mit Nabel dargestellt, was gemeinem Volk wie Theologen nur schwer in den Kopf gehen wollte. Zum andern wagte er es, den Stammvater der Menschheit ohne Bart darzustellen – bis dahin unvorstellbar.

für Jahrhunderte das Volksnahrungsmittel Brei: der gesalzene, in Wasser zubereitete Brei aus gemahlenen Getreidekörnern, aus Hülsenfrüchten, aus Gemüse, das man im Garten hatte, das man aber auch als Wildgemüse sammelte, aus Früchten und Wurzeln. Am bekanntesten ist uns vielleicht noch der Hirsebrei aus dem Märchen.

In höheren Kreisen dagegen konnte man sich schon einen besseren Brei leisten, zum Beispiel einen griechischen Reisbrei, wie er im ältesten erhaltenen Kochbuch deutscher Sprache überliefert ist. Es ist dies die Pergamenthandschrift des fürstbischöflichen Protonotars Michael de Leone aus Würzburg von 1340. Der Magister legte im Alter für seinen Neffen und Alleinerben zwei Hausbücher an; der zweite Band birgt unter anderem Gebete, Minnelieder, Gesundheitsregeln und die Sammlung „Von guter Speise". Von den 52 Rezepten stammen wohl 41 aus der Küche des Bischofs von Würzburg. Die „Armen Ritter", fränkische Kartäuserklöße, werden heute noch nach dem Rezept des Protonotars zubereitet. Dazu gibt es auch die Variante „Versoffene Jungfer" und die „Ersoffenen Kapuziner", bei denen man wegen des Armutsgelübdes statt Brötchen Schwarzbrot nimmt.

Fränkische Genies und Radikalinski

An der Wende vom Mittelalter zur Neuzeit begegnen wir Tilman Riemenschneider, dessen Werk ganz dem Geschmack und dem Wesen Frankens entsprochen haben muß. Denn er, aus dem Thüringischen zugewandert, schuf alle seine Bildwerke mit eminentem Fleiß allein für dieses Land Franken, lyrisch und voll leiser Melancholie. Sein erstes Werk für Würzburg waren Adam und Eva (1493) für die Marienkapelle, die heute noch (als Kopie) auf das Treiben des Marktplatzes herabschauen, wo die Würzburger die reichen Erträgnisse an Obst und Gemüse des Umlandes einkaufen.

Riemenschneider wird Mitglied im Rat der Stadt, später Altbürgermeister, bis er 1525 in die Wirren des Bauernkrieges gerät. Die Bauern sind sauer. Immer mehr werden sie geschröpft, nicht nur mit dem Zehnten für Kirche und Grundherren, dazu kommen noch Abgaben von Fastnachtshühnern, Ostergaben,

Im Jahr 1413 kaufte der Bürger und Metzger Hans Rehlein den vorderen Gressenhof in Würzburg und schenkte Wein aus. Er begründete damit Würzburgs älteste Weinstube – den heutigen Stachel. Unter den rauchigen Decken, an stämmigen Tischen sollen im 16. Jahrhundert hier hitzige Auseinandersetzungen unter den Anführern der aufständischen Bauern stattgefunden haben.

Ablieferung des besten Stücks Vieh beim Tod des abhängigen Bauern. Die Führer der Aufständischen sitzen im „Stachel", der ältesten Weinstube Würzburgs – sie wurde 1413 erstmals urkundlich erwähnt – und beraten, wie sie den „Großkopfeten" eins auswischen könnten. Zweihundertfünfzig Burgen und Schlösser gehen daraufhin in Flammen auf. Aber das Unternehmen der Aufständischen endet kläglich.
Da Riemenschneider sich auf ihre Seite geschlagen hatte, landet er im Gefängnis auf der Festung. Er ist von da an ein gebrochener Mann. – So sehr er vom Stigma seiner unruhigen Zeit geprägt war, so sehr muß immer wieder das Weltentrückte seiner Gestalten betont werden. Riemenschneiders Altäre in Münnerstadt, Rothenburg, Creglingen oder Maidbronn sprechen von seiner innigen Frömmigkeit, seinem begnadeten Künstlertum. Seine Madonnen und Heiligen sind über das Land verstreute Kostbarkeiten. Die Rosenkranzmadonna hoch über Volkach in den Weinbergen ist ganz nach innen genommen und trägt doch das unverwechselbare Gesicht ihrer Zeit.
Anders der „Englische Gruß" vom zweiten großen fränkischen Bildhauergestirn, von Veit Stoß: Farbig, goldglänzend schwebt Maria monumental im Gewölbe der Nürnberger St. Lorenzkirche. Dramatisch, voll Temperament und Leidenschaft schuf Veit Stoß nicht nur berühmte Werke in seiner zweiten Heimat Nürnberg oder in Bamberg und Münnerstadt, sondern er ging über Franken hinaus, so in seinem Hauptwerk, dem Hochaltar der Marienkirche in Kraków (Krakau). Stoß' Zeitgenosse, der Steinplastiker Adam Kraft, konzentrierte sich wieder voll auf Nürnberg. Die letzten Flammen der Gotik züngeln im virtuosen Zierwerk, er aber brachte sich als Zeichen einer neuen Zeit im Sakralwerk selbst als Künstler im Abbild ein. Auch Peter Vischer d. Ä. stellt sich in seinem Hauptwerk, dem Sebaldusgrab in St. Sebald in Nürnberg selbstbewußt als kunstfertiger Meister und Bürger im Sinne der Renaissance dar, auch wenn sonst in seinem Werk die gotische Grundstruktur erhalten bleibt.
Zu dieser Zeit war Franken das Geburtsland der größten Maler Deutschlands. Mathis Gothart Nithart, gemeinhin, aber fälschlich Grünewald genannt, wurde in Würzburg geboren. Ob schon

1460 oder erst 1480, weiß man bis heute nicht genau. Von seinem ausdrucksstarken, fast schon ekstatischen Werk mit den glühenden, leuchtenden Farben sind in Franken drei Gemälde zu besichtigen: der unvollständige Altar in Lindenhardt/Oberfranken mit den vierzehn Nothelfern und einem Schmerzensmann. Dann die Stuppacher Madonna, bereits im fränkischen Teil von Baden zu finden und ein Anziehungspunkt für viele Reisende, und in Aschaffenburg die erschütternde „Beweinung Christi“ mit einem fahlgrün schimmernden, wundübersäten Jesusleib, der an den Isenheimer Altar erinnert. Es ist ein spätmittelalterlich expressives Werk – vierhundert Jahre später wurde in Aschaffenburg ein berühmter Expressionist geboren, Ernst Ludwig Kirchner, der in seiner Zerrissenheit und Leidenschaft ein moderner, profaner Nachfahre Grünewalds genannt werden könnte.
Letzte gestalterische Möglichkeiten der späten Gotik, aber mehr noch von der italienischen Renaissance in den Bann geschlagen, zeigt das gewaltige Werk des in Nürnberg geborenen Albrecht Dürer. Mit seinem „Jungen Hasen“ den „Betenden Händen“ und mit „Ritter, Tod und Teufel“ hat er sich wie kein anderer Künstler ins deutsche Herz hineingezeichnet. In seiner Lust am

4275 Meistergesänge, 208 Komödien, Tragödien und Fastnachtsspiele, 1700 geistliche und weltliche Gespräche und Spruchgedichte, Fabeln, Schwänke und Possen, 73 Kirchenlieder, Gassenhauer, Buhl- und Kriegslieder produzierte Hans Sachs. Er brachte es auf 6048 dichterische Arbeiten und so auf eines der umfangreichsten Werke der deutschen Literatur – auch ein fränkischer Rekord.

Nie bezwungen wurde die Veste Rosenberg über Kronach. Man sollte aber nicht nur die Spätgotik und Renaissancewerke bewundern, sondern auch einen Blick in den 65 Meter tiefen Brunnen und auf die herrliche Landschaft des Franken- und Thüringerwaldes werfen.

Detail, am Kleinen und Winzigen ist er zutiefst fränkisch wie seine Nürnberger Zeitgenossen: Peter Henlein, dem es zum erstenmal gelang, Uhren so weit zu verkleinern, daß sie bequem in Dosenform getragen werden konnten, und Martin Behaim, der die Welt erstmals auf handliches Globusformat brachte.

Im graphischen Werk aber wächst Dürer in überzeitliche Dimensionen, hat er ein Vermächtnis an die Welt überlassen, dessen Wirkung unschätzbar ist. Seine Gemälde, vor allem die „Vier Apostel", geben ihn als tief religiösen Menschen zu erkennen und leiten zu jenem Erneuerungswillen, der zur Reformation führte.

Ganz der Reformation verschrieben hatte sich sein Zeitgenosse Lukas Cranach aus Kronach, das dritte fränkische Malergenie, mit seinen Bildnissen der Reformatoren. Mitten in seiner puritanischen Umgebung aber malte er auch laszive weibliche Akte, mit mythologischem Etikett verbrämt.

Wahrlich, jene Zeit war voll mit großen Franken! Da ist Regiomontanus, Mathematikgenie und Astronom aus Königsberg in den Haßbergen zu nennen, der

Ganze Bücher könnte man mit prachtvollen fränkischen Rathäusern füllen. Das Rathaus von Kulmbach aus dem 18. Jahrhundert, das Saint-Pierre mit einer schwungvollen Rokokofassade schmückte, gehört sicher zu den erlesensten.

berühmte Rechenmeister Adam Ries (fälschlich: Riese) aus Staffelstein, aber auch Konrad Celtis, des Reiches Erzhumanist, der Weinbauernbub aus Wipfeld am Main. Er war ein unsteter Weltenbummler, den niemand halten konnte, doch fleißig, genau, wie halt echte Franken sind, gekrönt und gefeiert. Zudem muß man Celtis einen typisch fränkischen Anprangerer nennen. So wetterte er in Nürnberg mit flammendem Zorn gegen die „abscheulichen Weinfälscher". In der Noris machte man mit Wein, der nicht gerecht war, kurzen Prozeß: Man verlud ihn auf einen Wagen mit einer rot-weißen Fahne, die die Aufschrift trug: „Weinschmierer". Während der Henkersknecht oben auf dem Faß mit Paukenschlag das Volk anlockte, wurde der Wein zum Saumarkt gefahren, wo dem Faß der Boden ausgeschlagen wurde, damit „die schädlich materi" in die Pegnitz laufe.

Ein Aufwiegler und Partisan war auch der bei Schlüchtern geborene humanistische Gelehrte Ulrich von Hutten, ein Draufgänger, Feuergeist und Scharfmacher, der kein Blatt vor den Mund nahm, überall aneckte und seiner Zeit den Spiegel vorhielt.

Mit etwas mehr Toleranz deutete Hans Sachs auf die Torheiten dieser Welt hin, auf Laster und Sünden. In Gesängen, Komödien, Tragödien und Fastnachtsspielen, in geistlichen und weltlichen Spruchgedichten, Fabeln, Schwänken, Kirchenliedern, Gassenhauern und Kriegsliedern versuchte er im Scherz und im Ernst den Menschen seiner Zeit Beispiele des rechten, klugen und vernünftigen Handelns zu geben. Wohlstand und Selbstbewußtsein der Bürger, des Adels, der Kirche prägten damals Franken. Da sind die typisch fränkischen Rathäuser mit ihren Treppenaufgängen, stolz im Gehabe wie in Rothenburg, Schweinfurt, Volkach, stattlich im Fachwerk wie in Staffelstein, prunkvoll wie in Coburg. Da sind die gewaltigen Burgschlösser wie die Plassenburg über Kulmbach mit dem festlichen „Schönen Hof" und den wuchtigen, mit herrlichen ornamentalen und figürlichen Reliefs überzogenen Flügeln. Da ist die Veste Rosenberg steil über der Stadt Kronach, da ist vor allem aber das im frühen 17. Jahrhundert entstandene Schloß Johannisburg in Aschaffenburg, einer der schönsten, gewaltigsten Bauten jener Zeit in Deutschland.

Ist der Rotwein aus Klingenberg am Untermain einem Frankenweinkenner schon immer ein Begriff gewesen, so war er doch lange Zeit eher eine Ausnahme gegenüber dem großen Angebot exzellenter Weißweine. Der Rotweinanbau findet aber seit einigen Jahren auch unter fränkischen Winzern immer mehr Freunde.

Der Fürstbischof, der Wein und die Hexen

1573 kommt in Würzburg ein Fürstbischof auf den Thron, der gegen die Reformation zur großen Attacke bläst. Er kommt vom berühmten Traum- und Märchenschloß Mespelbrunn im tiefen Spessart, es ist Julius Echter von Mespelbrunn. Er versucht mit allen Mitteln, katholisches Terrain zurückzuerobern: Er baut und restauriert an die dreihundert Kirchen, fördert das Wallfahren. Die Wallfahrtskirche in Dettelbach, die er bauen ließ, ist wohl das schönste Zeugnis seines Engagements. Er gründet auch die Universität neu.
Berühmt aber bis zum heutigen Tag ist Echter geworden mit der Gründung des Juliusspitals, Deutschlands größtem Spitalgebäude mit Apotheke, Mühle, Bäckerei, Großküche und einem gewaltigen, 250 Meter langen Weinkeller. – Der war auch nötig: Bereits Anfang des 17. Jahrhunderts gehörten dem Spital 37 Hektar Weinberge in besten Lagen, deren Erträge untergebracht sein wollten. Jeder Pfründner erhielt täglich knapp einen Liter Wein; darüber hinaus verkaufte man die berühmten Weine nach Frankfurt, Köln und Amsterdam, um aus dem Erlös die Stiftungsaufgaben finanzieren zu können. Man legte eine Probierstube, dann eine Weinstube an, die heute noch von Einheimischen und Touristen gerne besucht wird.
Die Bedeutung der Kirche für den Weinbau kann gar nicht hoch genug angesetzt werden. Bereits unter Karl dem Großen widmeten sich die Klöster eifrig dem Weinbau. Die Richtung für seine Entwicklung gaben geistliche Herren vor, die für Qualität sorgten und für die der Wein ein wichtiger politischer und wirtschaftlicher Faktor war. Soweit es irgend möglich war, hatten sie ganz Franken in einen Weingarten verwandelt. Im 14. Jahrhundert zum Beispiel tranken – oder sollen wir sagen: soffen? – Männlein und Weiblein täglich 5 bis 8 Maß Wein. Es gab so gute Weinjahre, daß Trauben am Stock blieben, weil man nicht genug Fässer hatte. Es kam aber auch vor, daß Heuschrecken Felder und Weinberge kahlfraßen. Zu Beginn des 17. Jahrhunderts, noch vor Beginn des Dreißigjährigen Krieges, wurden im Bereich des Hochstiftes Würzburg die Weinbergslagen bereits in Bonitätsklassen eingeteilt – ganze zweihundert Jahre früher

als im rheinpfälzischen Raum. Später waren die Belastungen für die Häcker – so nennt man vor allem die kleineren Weingärtner – so groß, daß sie von etwa 1650 bis 1800, um ihrer Abgabepflicht nachzukommen, mehr auf Quantität als auf Qualität schauten. Als mit der Säkularisation die Häcker ihre geistliche und geistige Führung und zudem die Kirchen und Klöster als Absatzmärkte verloren, kam es zum Verfall der einst so blühenden Weinkultur. Das wurde erst 1835 anders, als man den ersten fränkischen Weinbauverband gründete, eigene Rebschulen beauftragte und als Sebastian Englerth den Silvaner zur Schicksalssorte des fränkischen Weinbaus machte.

Nochmals zurück zu Julius Echter. So segensreich er für die Armenpflege und den Wein war, so sehr fällt auf seine Zeit leider auch ein finsterer Schatten: Damals wüteten grausam die Hexenprozesse. Um alles in der Welt wollte man im guten Glauben zum „rechten Glauben“ bekehren, die armen Seelen der vermeintlich vom Teufel verführten Hexen retten. Es war eine zwiespältige Zeit, in die wir Heutigen uns kaum

Der älteste Weinkeller Frankens gehörte Nonnen in Kitzingen. Das Kloster wird bereits 748 genannt, es hatte umfangreichen Weinbergbesitz und der Weinreichtum war entsprechend groß. Heute werden zwischen den gewaltigen Fässern Kellerspiele aufgeführt.

Nächste Doppelseite: Im südlichen Seitenflügel der Würzburger Residenz ist das Martin-von-Wagner-Museum, eine bedeutende Sammlung antiker Vasen, Gemälde und graphischer Werke, untergebracht.

Überall im Würzburger Hofgarten treiben sich die lustigen Putten des Peter Wagner herum.

hineindenken können. Unvorstellbar: Bei den grausamen Prozessen mit entsetzlichen Folterungen war man penibel darauf bedacht, daß dabei die Eßpausen eingehalten wurden. Laut Protokollen wurden bei den Verhandlungen kräftig Speis und Trank aufgetischt, dieweil die Hexen warten und schmachten mußten. Allein 1616, ein Jahr vor Echters Tod, wurden 99 Personen verurteilt und in Gerolzhofen verbrannt, darunter war ein neunjähriges Mädchen.
Ein Jahr nach Echters Tod kommt dann der Dreißigjährige Krieg übers Land, verwüstet, rottet Menschen aus. Kostbare Schätze rauben die Schweden, bringen sie in ihre Heimat.
Einige Jahrzehnte später, als die schlimmsten Verwüstungen des langen Kriegs beseitigt sind, setzt Franken zu seiner letzten und prächtigsten Glanzperiode an: zur Blüte des Barock und Rokoko. Hatte das Mittelalter Berge und Felsen Frankens mit zahlreichen Burgen bestückt, so übersäte die Barockzeit das Land mit glänzenden Schlössern. Das „Schloß über allen Schlössern", die Würzburger Residenz, entsteht unter dem genialen Baumeister der Schönborns: Balthasar Neumann. Sie ist der großartigste Schloßbau des Barock in Deutschland, ein Gesamtkunstwerk von Weltrang. Über einem grandiosen Treppenhaus wölbt sich das größte Gemälde der Welt von Giovanni Battista Tiepolo. Er hat auch das Deckengewölbe im Kaisersaal ausgemalt, zu dem Antonio Bossi Figuren und Stuck in höchster Vollendung schuf.
Die Schönborns, vom Baufieber befallen, erbauten Schlösser in Bamberg, Seehof, Pommersfelden, Gaibach, Werneck und Veitshöchheim. In einzigartiger Weise verstanden sie es, große Künstler Europas für sich arbeiten zu lassen. Ihre Gärten breiteten sie meisterhaft um ihre Schlösser und füllten sie mit erlesenen Werken der Bildhauer Auvera und Tietz, verspielt, graziös, bezaubernd.
Was Lothar Franz von Schönborn für die Gartenkunst in Franken bedeutete, war die Markgräfin Wilhelmine von Bayreuth, die Lieblingsschwester Friedrichs des Großen, speziell für den Raum Bayreuth. Der Hofgarten Eremitage, Sanspareil und Fantaisie entsprangen ihrem Geist, wie auch das Neue Schloß in der Eremitage. Die reizvolle Halbkreislösung mit einem acht-

eckigen Sonnentempel im Scheitel und einem Becken mit 58 Fontänen davor bietet ein höchst originelles Ensemble. Wenige Jahrzehnte nach der dritten und letzten kulturellen Blütezeit Frankens wird das Land bayerisch, findet mit der Säkularisation der Ausverkauf unwiederbringlicher Kunstwerke statt.

Das letzte Schwanzhaar des bayerischen Löwen

Als 1803 das neugebackene Königreich Bayern nach der Umarmung der fränkischen Lande sofort mit dem Säckeln und Säkularisieren begann, waren die Franken zunächst einmal schockiert. Gold- und Silbergefäße des Würzburger Hochstiftes mußten an die Münze in München abgeliefert werden, Edelsteine wurden versteigert, und die Kirchenausstattungen der Klöster kamen unter den Hammer. Es wurde damals den Franken nicht leichtgemacht, in Bayern heimisch zu werden. Sie mußten den Eindruck gewinnen, sie wären das letzte Schwanzhaar vom bayerischen Löwen. – Bis auf den heutigen Tag wurmt es viele, daß der erste bedeutende Kirchenbau ihres Balthasar Neumann in Münsterschwarzach als Steinbruch verscherbelt wurde. Selbst die Stadtmauern von

Bei Bayreuth schuf sich die Markgräfin Wilhelmine mit der Eremitage, dem Sonnentempel, den prunkvollen Wasserspielen und dem verträumten Park ihre eigene Rokokowelt.

Jean Paul ist fränkisches Urgestein wie seine Heimat, das Fichtelgebirge. Er war einer der meistgelesenen Dichter seiner Zeit. Er selbst bezeichnete sich einmal als „ein endlicher Spiegel der Unendlichkeit". Seine Heimatstadt Wunsiedel, wo er 1763 das Licht der Welt erblickte, ließ ihm von Ludwig von Schwanthaler ein Denkmal setzen.

Rothenburg hätten die neuen Herren damals am liebsten demoliert und zu Geld gemacht. Aus dem Geschäft wurde allerdings nichts: Die Rothenburger stellten für den Abtransport der Steine eine so hohe Summe in Rechnung, daß der Abbruch nicht mehr attraktiv erschien.

Als 1837 der liberal aufgeschlossene König Ludwig I. die an die fränkische Vergangenheit anknüpfenden Namen Ober-, Mittel- und Unterfranken zugestand, hatte sich schon vieles wieder entkrampft. Ludwig I. entdeckte in Aschaffenburg sein „bayerisches Nizza" und stiftete das Pompejanum. Die Könige besuchten und förderten die fränkischen Bäder und legten so den Grundstein zum Bäderland Franken, das mittlerweile neun stattliche Bäder hat.

Internationales Flair kam in die fränkische Bäderlandschaft: Aus Österreich, ja aus Rußland wurde die Speisekarte in Badeorten wie Bad Kissingen angeregt. 1864 und 1868 kam Zar Alexander II. von Rußland mit seiner Gemahlin Marie in das unterfränkische Staatsbad, russische Adelige folgten.

Um den noblen Kurgästen in Speis und Trank zu entsprechen, schickte man Köche nach Rußland. So setzte zum Beispiel ein alter Hotelkoch in Bad Kissingen, der viele Jahre in St. Petersburg gekocht hatte, an Festtagen den Kurgästen ein Spanferkel vor, wie es in Rußland üblich war. In das Ferkel wurde in magerer Fleischbrühe angedünstete Buchweizengrütze mit Küchenkräutern, kleingeschnittenen Zwiebeln und zerdrücktem Knoblauch gegeben. Gut zugenäht, wurde dann das Ferkel am Spieß gebraten.

Viele Gäste fanden die Fülle fast besser als das Spanferkel, erzählte der Koch. Und da er – wie so viele Köche – ein gebildeter Mann war, erklärte er auch, daß das russische Spanferkel eines der ältesten Gerichte der Menschheit sei. Denn eigentlich sei es ursprünglich ein heidnisch-griechisches Opfer an die Göttin Demeter gewesen. Da sie gelehrt hatte, wie man Getreide anbaut und die Tiere der Wildnis zähmt, opferte man ihr Gerstengrütze und Schwein.

Als der Zar in Bad Kissingen kurte, taten dies auch Kaiser Franz Joseph I. von Österreich mit seiner Gemahlin Elisabeth. Es versteht sich, daß „Sisi" und der Kaiser als Kurgäste exzellent verpflegt werden mußten. Bei

den Backwaren dürfte das nicht so schwierig gewesen sein, denn oft zogen fränkische Bäckergesellen zur Fortbildung nach Wien, um dort Feinbäckerei und Konditorei zu studieren. Sie brachten dann Kaisersemmeln, Brezeln, Strudel, Krapfen, Schaumgebäck nach Franken. Kein Wunder, daß die Kissinger Konditoreien bald so berühmt waren. Schließlich werden die „Kissinger“ – die gefüllten Hörnchen – weit über das Weltbad hinaus gerühmt.
In der bildenden Kunst tut sich im 19. Jahrhundert nichts Überwältigendes, anders ist es in der Dichtung. Da wächst Ende des 18., Anfang des 19. Jahrhunderts ein Werk heran, „so reich an Gedanken und Gefühlen wie von keinem anderen deutschen Schriftsteller“, das Werk des Jean Paul. Er war ein Vollblutfranke, der aussah „wie ein Brauwirt“ mit seinem fülligen Wanst. Den nährte er mit starkem Bier, das er wie Medizin brauchte. Wein und Bier gaben ihm auch Inspiration. Seine große Dichtung schrieb er im Gasthaus Rollwenzelei bei Bayreuth, zu dem der rundliche Mann täglich mit Büchertasche, Spazierstock und dem geliebten Pudel Ponto zog.

An der Spitze des fränkischen Bäderlandes steht das Weltbad Bad Kissingen. Seine große Tradition bezeugt der prächtige Arkaden-Regentenbau. Kaiser und Könige promenierten durch die Geschichte der Bäderstadt und förderten dort das kulinarische Niveau.

Franken – Erzromantisch

Wie vor 200 Jahren die Romantiker das Fichtelgebirge durchstreiften, so erwandern heute Tausende von Touristen das grandiose Felslabyrinth der Luisenburg.

Ende des 18. Jahrhunderts ziehen die zwei preußischen Studenten Ludwig Tieck und Wilhelm Heinrich Wackenroder, beide Berliner, die in Erlangen Vorlesungen hören, durchs oberfränkische Land und finden das romantische Franken. Sie durchwandern die krummen Gassen Nürnbergs, entdecken die „altväterlichen Häuser und Kirchen“, bewundern Dürer, Adam Kraft und Hans Sachs. Auf ihrem Pfingstritt durch das Muggendorfer Gebirge – so hieß damals die Fränkische Schweiz – begeistern sie sich an den bizarren Felsen, schauen „mit Schaudern“ zur Burg Rabenstein auf, durchstreifen Neideck, besuchen geheimnisvolle Höhlen, besichtigen Schlösser und Gärten. Sie ziehen durchs „wilde Fichtelgebirge“ und finden, „die Gegend ist hier besonders einsam und wust“. Die Berggipfel ragen ja in der Tat mit gewaltigen Granitblöcken aus tiefem Waldmeer, zerfetzte Wetterfichten sind in Felslabyrinthe gestürzt.
Heute, zweihundert Jahre später, kommen Berliner immer noch gerne in die ursprüngliche Fichtelgebirgslandschaft und sind auch Stammgäste im benachbarten Frankenwald, dem stillen Land mit Waldeinsamkeit, rauschenden Bächen in tiefen, verwunschenen Tälern.
Es muß im Herbst 1826 gewesen sein, als der Schwabe Wilhelm Hauff, junger, hoffnungsvoller Dichter, das endlose Waldgebirge des Spessart mit seinen uralten, mächtigen Eichen und silberstämmigen Buchen durchstreift, einen „gar wundersamen Wald“, wo er „eine Schenke so recht zum Verweilen und Träumen“ findet. Aus dem Erlebnis dieser Reise entstand bald die Geschichte „Das Wirtshaus im Spessart“. Verfilmt wurde die Story ein riesiger Erfolg, und – wie konnte es anders sein – das romantische Wasserschloß Mespelbrunn samt Miltenberg mit seinem Schnatterloch und den prächtigen Fachwerkbauten war eine ideale Kulisse für das eingängige Spektakel.
Wird Miltenberg genannt, muß man unbedingt auch das Gasthaus „Zum Riesen“ erwähnen, jenen stattlichen sechsstöckigen Fachwerkbau, der mit dem „Bären“ in Freiburg im Streit liegt, wer sich „ältestes Gasthaus in Deutschland“ nennen darf.
1833 gerät der zwanzigjährige Richard Wagner in Würzburg im Biergarten „Letzter Hieb“ über „Welt und Kunst in sonderbare Ekstase“ und beginnt mit ersten

Kompositionen, Fingerübungen für sein späteres Werk. Die Krönung seines Lebens erlebt er wiederum in Franken, in Bayreuth, als sich 1876 der Traum von einem eigenen Festspielhaus erfüllt. Die Pilgerstätte, zu der alljährlich Tausende von Wagnerenthusiasten wallfahren, hat mittlerweile das oberfränkische Bayreuth weltberühmt gemacht. – Im Garten des Hauses „Wahnfried“ wurde Richard Wagner 1883 beigesetzt.
1837 wandert Ludwig Richter aus Sachsen auf den Spuren der Romantiker und zeichnet Bilder fränkischer Landschaft, wie man sie romantischer sich nicht vorstellen kann. Zuerst sind es Nürnberg und die Fränkische Schweiz, die er darstellt. Als er in die Rhön zieht, schreibt er: „Schaurig schauen die hohen Rhönberge aus schwarzen Nebeln heraus; weite Triften und einzelne Waldungen, hie und da ein hochgelegenes Dörflein . . .“ – Was der Zeichner vor über hundertfünfzig Jahren schrieb, gilt heute noch, findet Wohlgefallen bei vielen Urlaubern: entrückte Höhen mit sturmgepeitschten Hutebuchen, weite Aussichten zum Thüringer Wald und zum Vogelsberg, geheimnisvolle Moore und einsame Bergseen. – Über das Grabfeld wandert Richter durch die Haßberge, jene stille, bucklige Wald- und Wiesen-

Gerne wird die Rhön das Land der weiten Fernen genannt. Im Sommer geht der Blick über blühende Bergwiesen bis tief in den Thüringerwald.

Das Wiesenttal in der Fränkischen Schweiz ist reich an schroffen Felsen, stolzen Burgen und malerischen Dörfern.

landschaft, die so reich mit Burgen und Schlössern bedacht ist wie keine zweite. „Es sind schöne Ruinen, malerisch gelegen." Begeistert ist er von Altenstein und er wird schon fast poetisch, da er schreibt: „Schöne Abendwolken zogen langsam am Himmel dahin, Kühe weideten am grünen Abhang des Dörfleins; dessen Gipfel die düstere Ruine mit der schönen gotischen Capelle zierte, in den Feldern schnitten die Leute den Weizen." Später kommt dann noch ein anderer Maler, der in Franken Romantisches auf die Leinwand bannt, Carl Spitzweg. Mit seinen Gemälden, die sich um Rothenburg drehen, hat er jene Atmosphäre ins Bild gebracht, die vor allem der berühmte Volkskundler Wilhelm Heinrich Riehl treffend schildert: „Die Stadt mit ihren vielen Türmen und Mauern, wie eine große Burg die Höhe bekrönend, Turmspitze an Turmspitze, die in seltsamer Silhouette von dem Goldgrund des Abendhimmels sich abheben. Vorn Wein, Bergwildnis und Romantik, hinten Bier, Hügelfläche und prosaische Natur." – Der Marktplatz, der zu Riehls Zeiten „so stille geworden" war, quillt heute von Menschen über – nicht

Ein guter Wein und hübsche Mädchen gehören in Franken allemal leicht zusammen.

wenige aus Amerika und Japan –, die alle überzeugt sind, sie bewundern die typischste deutsche Stadt. Bei dem Gewimmel und Trubel sollte man nach einer Besichtigung in der benachbarten, stillen mittelfränkischen Seenlandschaft Urlaub machen, einen Urlaub für Herz und Gemüt.

Neben Rothenburg gibt das Frankenlied von Victor von Scheffel ortsüblich das fränkische Idealklischee wieder. Es entstand, als Scheffel sein trauriges Herz auf Kloster Banz im oberen Maintal heilte. Gegenüber dem prächtigen Bau auf dem Steilabfall der Fränkischen Alb leuchtete ihm das „Lächeln Gottes überm Main, Vierzehnheiligen, die festlichste in der Reihe der großen europäischen Kathedralen, das vollendete Werk Balthasar Neumanns, in deren beschwingter Heiterkeit sich alle irdische Bedrängnis löst", entgegen – so Thomas Dehler, gebürtiger Lichtenfelser und Mitgründer der FDP. Scheffel besteigt den Staffelstein, wo schon seit Urzeiten Reste einer keltischen Burg stehen, und sieht die Lande um den Main zu seinen Füßen liegen: „Von Bamberg bis zum Grabfeldgau umrahmen Berg und Hügel die weite, stromdurchglänzte Au, ich mein, mir wüchsen Flügel."

Damals wurde nicht nur ein Glorienschein über der fränkischen Landschaft gesehen, alle Besucher priesen aufs höchste auch die Menschen, die in dieser Landschaft leben. Ludwig Richter bemerkt: „Die Mädel sind gar hübsch", und der Stuttgarter Buchhändler Karl Menck-Dittmarsch schreibt 1840 über das schöne Geschlecht: „Ja, Ihr holden Würzburger Frauen und Mädchen, Ihr habt Euch einen neuen glühenden Verehrer Eurer Reize in mir erworben, und wenn ich Dichter genug wäre, so würde ich Euch in Sonetten und Oden verherrlichen." Von den Bambergern lobt er die „liebenswürdige Gemütlichkeit" und „natürliche Herzlichkeit" und meint, der Fremde fühle sich überall in Franken leicht heimisch. Ähnlich läßt auch der Düsseldorfer Dichter und Regierungsrat Karl Leberecht Immermann 1837 bei seiner Reise durch Franken vernehmen, da er schreibt: „Der Charakter Würzburgs ist ein sehr fröhlicher, . . . die Menschen sind frei, offen, von natürlicher Höflichkeit, die gute Meinung sieht ihnen aus den Augen." Er bemerkt außerdem, „die Weiber sind alle

hübsch" und lobt das „freundliche dienstfertige Wesen".
Aber nicht nur im 19. Jahrhundert lobt man die Franken über den grünen Klee, treffliche Worte der Charakterisierung finden sich bis heute. So sagte Theodor Heuss: „Es ist gewiß so, daß die fränkische Bevölkerung die fröhlichste, unbeschwerteste unter den deutschen Stämmen ist . . . Die Franken sind die Träger einer beweglichen Unruhe, entzündbar und begeisterungsfähig, unternehmungslustig und in zugreifender Art aktiv."
Die Lobeshymnen ließen sich noch fortsetzen mit Worten von Hans Max von Aufseß, Thomas Dehler, Wolfgang Bühl, Hans Dünninger und anderen.
Ein Zitat Immermanns, das ich für eines der treffendsten und schönsten halte, möge den Gang durch Geschichte und Kultur beenden: „Franken ist ein Zauberschrank, . . . immer neue Schubfächer tun sich auf und zeigen bunte, glänzende Kleinodien, und das hat kein Ende."

Die Entwicklung und das Schicksal Würzburgs ist eng mit dem Wein verknüpft. Bei den erbitterten Kämpfen der Bürger und Bauern gegen die fürstbischöflichen Stadt- und Landesherren auf der Festung hatten es die Angreifer ganz besonders auf die Weinschätze der Gegner abgesehen, die einen großen Teil ihres Vermögens ausmachten.

Es gibt nichts Besseres als was Guets!

Natürlich gibt es in Franken hochmoderne landwirtschaftliche Betriebe, aber man trifft überall auch noch auf altfränkisches Landleben.

Im Mai 1862 erschien in Würzburg das „Würzburger Kochbuch für die gewöhnliche und feinere Küche. Praktische Anweisung zur schmackhaften und billigeren Bereitung von 1282 Speisen und Getränken nach zuverlässigen und selbstgeprüften Rezepten nebst 66 Speisezetteln . . . für jede Hausfrau und Köchin sowie für jede Anfängerin im Kochen, von Therese Brunn.“ Bis 1881 wurden von dem Band fünf Auflagen herausgebracht, was beweist, wie beliebt schon im 19. Jahrhundert Kochbücher waren und daß die gute Frau Brunn mit ihren Rezepten wohl das lieferte, was man brauchen konnte.

Was die Köchin Therese 1862 in ihrem Vorwort an ihre fränkischen Landsleute über die Eigenart der einheimischen Küche schrieb, hat heute noch Gültigkeit und ist wert, gelesen zu werden: „Jede Küche richtet sich mehr oder weniger nach den örtlichen Verhältnissen, nach Klima, Landesprodukten und altem Herkommen. Eine Geschmacks-Verschiedenheit in der Speisen-Zubereitung erzeugt namentlich der vorherrschende Gebrauch eines Getränkes; man wird immer im Weinland etwas anders kochen als im Bierland, oder im milch- und wasserreichen Gebirg, oder in den flachen, Branntwein liebenden Küsten-Gegenden. Die menschliche Gesundheitslehre und schon der Instinkt lehren diesen Unterschied.

Hieraus folgt nun auch die Entstehung und die Fortdauer einer besonderen fränkischen und Würzburger Küche. Franken bildet bekanntlich geographisch wie auch im übrigen Orts- und Volkscharakter die Brücke zwischen Nord- und Süddeutschland. Es hat sich durch die Verschmelzung zweier Elemente ein Drittes gebildet und aus dem allgemeinen öffentlichen Leben sozusagen bis in das Innerste der Küche fortgepflanzt.

Dieselbe enthält, wie die geehrten Leserinnen bald finden werden, gewisse Eigentümlichkeiten in Bereitung von Fleisch- und Mehlspeisen, Geflügel und Fischen . . ., welche kaum anderswo in Deutschland so vorkommen, und schon vor vielen Jahrhunderten vorzugsweise bei fürstlichen und kaiserlichen Gastmahlen und Trinkgelagen angewendet wurden, wie denn noch heutzutage der Fremde gern in Franken weilt, weil er bei dem reichen und mannigfachen Natursegen

Obst- und Gemüsemärkte gibt es allerorten, und gerne kaufen alt wie jung frische Ware aus dem reichen Angebot.

dieses Landes für wenig Geld Vieles und Gutes bekommen kann."
Was die versierte Therese Brunn als besondere fränkische Küche anspricht, es drückt so recht die Meinung der meisten kulinarisch engagierten Franken aus. Das Loblied auf Franken, seine Küche, seine Keller, wer wüßte es besser zu singen als der Franke selbst? Die Identifikation damit reicht bald an die im Nachbarland Schwaben heran, in dem schon viele heimische Kochbücher zu Bestsellern wurden. Also, wenn es auch die anderen vielleicht nicht glauben wollen: Nicht wenige der Franken sind felsenfest davon überzeugt, daß ihre Küche einmalig, herzhaft, schmackhaft ist und einfach zu Land und Leuten paßt. Im übrigen hält sie die gute alte Tradition hoch. Vielfältig wie die Landschaft, so vielfältig ist das, was in Töpfen kocht, in Pfannen brutzelt, in Fässern reift. Besonders fein ist die Küche nicht, aber dafür sicher gehaltvoll. Ob das alles nun angestammt urfränkisch ist oder von ringsum inspiriert oder gar okkupiert, steht nicht zur Debatte.
Wenn der Franke sich herausstreicht, wirft er sich in die Brust, und seine Laudatio beginnt mit „mir Franke . . ." Durch sein lebhaftes Naturell – ähnlich dem der Menschen in Frankreich –

wird eine gewisse Sinnesverwandtschaft im Essen mit dem alten Bruderland offenkundig. Und wenn ihm auch die „letzten lukullischen Weihen“ fehlen, die Lust zu würzen steht in Franken der in Frankreich sicher wenig nach.
Daß man hier „für wenig Geld viel Gutes bekommt“, dafür kann Franken leicht den Beweis antreten. Unterhalb des Kreuzbergs in der Rhön gibt es eine Wirtschaft, da kocht der Wirt, und das schmeckt heute noch so, wie man es von der verklärten Vergangenheit gut in Erinnerung hat. Und welche Portionen! Eine reicht meist für zwei Personen. So etwas kann einem genausogut in der Fränkischen Schweiz passieren oder im Mittelfränkischen. Wenn Rheinländer oder Berliner sich dort wahrhaft genährt haben und zum Zahlen kommen, dann können die den Preis einfach nicht fassen. Er ist selbst für solche Breiten unglaublich niedrig. – So war es aber schon immer. Ich weiß aus meiner Jugend, daß man damals bereits sagte, so preiswert wie in und um Nürnberg esse man in ganz Deutschland nicht mehr.
Wichtig ist auch der Hinweis der klugen Köchin Brunn auf die Lage Frankens. Man kann es nicht oft genug sagen, Franken ist ein Land der Mitte, und der Franke ist gegenüber all dem, was um ihn herum liegt, offen. Das meiste ist bodenständig, manches aber geschwängert von Handfestem aus Schwaben, Bayern, Thüringen; auch kommen Flirts mit Sachsen und Böhmen hinzu, aber alles wird auf fränkisches Maß und hiesigen Gusto gebracht.
Vielseitig wie die fränkischen Landschaften und ihre Menschen ist ihre Speisekarte. Natürlich hat dann auch jede Kante ihr besonderes Bier, ihre besonderen Klöße und brät ihre extra Wurst. Ein weitverbreiteter Wahlspruch der Franken lautet: „Einmal gut gelebt, gedenkt einem ewig.“ Oder: „Es gibt nichts Besseres als was Guets.“ So sehr der Franke sein Geld zusammenhält, auf ein solides, gutes Essen legt er Wert. In seiner ihm allseits bestätigten Fröhlichkeit neigt er zu den Freuden des Lebens. Er greift gerne zu, und so gibt es manchen, der „ißt wie a Scheunedrescher und trinkt wie a Bärschdebinder“ – vor allem, wenn's nix kost'. Und im Gasthaus heißt es: „Besser den Darm gesprengt, als dem Wirt was geschenkt!“

In den Wäldern des Spessarts, der Rhön, des Steigerwaldes und Fichtelgebirges gibt es immer noch Prachtexemplare von herrlichen Pilzen – nur, sie haben halt ihren Preis! Eine duftende Kostbarkeit, die man sich nicht entgehen lassen sollte, ist hausgebackenes Bauernbrot.

Es geht um die Wurst

Auf dem Ferkelmarkt beginnt das Geschäft mit dem Schwein, das letztendlich dazu bestimmt ist, manchen Speisezettel zu bereichern.

Nach diesen Episoden aus der Historie der fränkischen Küche und zur Befruchtung des Landes deutscher Mitte von außen nun aber zum ureigensten, einmaligen kulinarischen Franken! Stimmen wir das Loblied an! Spielen wir die Trümpfe aus!

In puncto Bratwurst hält Franken alle Rekorde, die vorstellbar sind. Bereits 1313 soll das Nürnberger Bratwurstglöcklein an der Sebalduskirche Bratwürste serviert haben. Schwarz auf weiß ist die Bratwurst auf jeden Fall dann 1341 in einer Chronik erwähnt, so früh wie sonst keine in deutschen Landen. – Die wahrlich berühmte Thüringer Bratwurst ist erstmals 1613 bezeugt.

Und am 8. und 9. Februar 1658 wurde in Franken die wohl längste, dickste und schwerste Rostbratwurst gefertigt, die es je in Deutschland gab: 12 Knechte des Metzgerhandwerks trugen eine Wurst von 514 Pfund in Nürnberg umher, schnitten sie dann auf und verteilten sie unter den Armen.

Aber Franken ist ja ebenso groß im Kleinen, und so gibt es auch Rostbratwürste, die nur 7 Zentimeter lang und 23 Gramm schwer sind. In Nürnberg werden diese Winzlinge seit Jahrhunderten gebraten, von Zinntellern verzehrt und in Dosen als lukullische Delikatesse in alle Welt verschickt.

Sogar im Bratwurstessen gibt es eine Tradition, die sich sehen lassen kann. Immerhin verzehrte der Nürnberger Stadtrichter Stromer 28 000 Bratwürste im Burgturm „Luginsland", in dem er wegen Mordverdachts und Untreue 38 Jahre einsitzen mußte. Stromer starb 1592, und diese generöse städtische Speisung ging sogar in eine Chronik ein.

Als Albrecht Dürer von Nürnberg in die Niederlande reiste, zeichnete er unter anderem Sulzfeld am Main mit seiner turmbewehrten Stadtmauer. Mit dieser Einleitung haben wir vom Bratwurstmekka Nürnberg den Schritt ins Main-Weinfränkische getan und stehen wieder vor einem Bratwurstrekord. Sulzfeld ist nämlich nicht nur berühmt wegen seiner Stadtmauer mit 21 Türmen, wegen seines Weinfestes, seines Rathauses, sondern neuerdings auch wegen seines Meterbratwurstessens. Der Anfang dieses Spektakels reicht in den Winter 1953 zurück. Die Geschichte trug sich dabei folgendermaßen zu: Der Vorstand eines Vereins in

Würzburg fragte beim Pächter der Sulzfelder Ratsstuben an, ob man denn nicht auch Würste an einem Stück machen könne, die sich für ein Wettessen eignen. Der wackere Gastwirt und Metzger Lorenz Stark war gleich bei der Sache, und der Verein setzte eine Fahrt nach Italien als Belohnung aus für denjenigen, der die meiste Bratwurst essen kann, ohne einen Augenblick zu schlingen aufzuhören. Damals schaffte eine 18 Jahre junge, gertenschlanke Frau 2 Meter 75 Wurst. Vierzig Jahre nach diesem Ereignis stand der Rekord bei 4 Meter 20, diesmal von einem stattlichen Mannsbild aufgestellt. Übrigens: Eine Bratwurst muß für den Verzehr nicht unbedingt gebraten sein, denn der Name leitet sich nicht vom Braten ab, sondern vom Brät, der Füllung aus Fleisch ohne Fett und Knochen. So zählen auch die „Blauen Zipfel“ zu den Bratwürsten, obwohl die Würste lediglich in einen Sud von Zwiebeln, Gewürznelken, Lorbeerblatt, Weinessig, Salz und Zucker, alles mit reichlich Wasser vorher gekocht, zum Ziehen eingelegt werden. – Läßt man geräucherte Bratwürste in heißem Wasser ziehen, dann werden sie „Bauernseufzer“, deftig „Bauernfurz“ genannt.
Die Zahl der unterschiedlichen Bratwürste in Franken ist sicher

Nicht nur beim Erfinden immer neuer Wurstsorten, -namen und -formen bewiesen die fränkischen Metzger seit jeher viel Phantasie. Sie beherrschen auch die Kunst, sie appetitlich und einladend anzubieten.

Hausschlachtungen nehmen wohl ab, aber es gibt immer noch Franken, die auf ihren speziellen und einmaligen Wurstgeschmack Wert legen und deshalb selbst schlachten und „wurschteln“.

ebenfalls rekordverdächtig. Es gibt bei uns – anders als in Thüringen – nicht nur die fränkische Bratwurst. Wo käme man denn da hin, zumal dem fränkischen Volkscharakter ein ausgeprägter Individualismus, Vernarrtheit ins Detail und Vielheit über alles gehen. Fast jede fränkische Stadt hat ihr Spezialrezept, und man kann davon ausgehen, daß jeder Metzger sein besonderes Geschmäckle an seine Wurst gibt. Auch die Ansbacher machen geltend, daß sie am fränkischen Markenzeichen der Vesper- und Brotzeitlandschaft mit ihren etwa 15 Zentimeter langen Schweinsbratwürsten teilhaben. Schließlich habe es dazu bereits im 14. Jahrhundert urkundliche Erwähnung gegeben.

Bis in die letzten Winkel Frankens reicht das Paradies der Bratwurst. In Kulmbach werden sie eingezwickt in knusprige Kipf, in Hof kauft man sie bei den „Wärschtlamänner“ aus dampfenden Messingkesseln.

Die Wurst dringt in alle Bereiche vor, in der Krippenstadt Bamberg sogar bis zur Krippenszene der Hochzeit zu Kana in der Oberen Pfarre. Echte Würste, wie sie nur in Franken vorkommen, hängen da von der Stubendecke und werden von einem Hund stibitzt. Aber nicht nur die Bratwurst allein beherrscht die fränkische Wurstszene, um die Königin der Würste hat sich ein ansehnlicher Hofstaat von Fleisch- und Wurstwaren versammelt. Von der „Plunze“, der einfachen Blutwurst mit Speckgriefen, die früher der Stift dem Meister für ein Zehnerl beim Metzger für das Frühstück holte, über den Preßsack, den Knäudele, die Stadtwurst bis zum Weiß- oder Rotgelegten reicht die Parade. Wurst kann man auch wiederum mit Beigaben zu einer Spezialität stilisieren, wie zum Beispiel die „Stadtwurst mit Musik“: Weiß oder rot, besteht Stadtwurst aus gehacktem Schweinefleisch, gewürzt mit Majoran, Pfeffer, Salz und Muskatnuß, in einen Schweinsdarm gefüllt. Die Musik kommt aus rohen Zwiebeln in Essig – die Töne sind Nachläufer dieser deftigen Brotzeit, die ihren angestammten Platz in Nürnberg hat. So auch das „Närnberger Gewärch“, zu dem die Nürnberger Wirte das Beste vom Maul des Ochsen, harte Eier und Stadtwurst nehmen, alles in Scheiben schneiden und mit Essig, Öl, etwas Salz, Pfeffer und reichlich Zwiebeln anrichten.

Auch im Spessart hat man sich etwas Besonderes in Sachen Wurst ausgedacht. Wenn im Herbst die Kartoffelfeuer rauchen, packen die Haimer Leute Fleischwurst in Pergamentpapier ein und lassen sie über heißer Holzkohle schmoren. So soll die Wurst einen unverwechselbaren Geschmack und einen ganz eigenartigen Duft bekommen.
Für manchen Kissinger oder Würzburger ist es Usus, zur weit und breit berühmten Schweinfurter Schlachtschüssel in die Stadt der Kugellager zu fahren. Nach altem Sechsgängeritual zelebriert man auf blankgescheuertem Tisch eine exzellente Völlerei. Nacheinander tischt der Wirt Partien des Schweins auf, Bauchfleisch, dann Brustspitze, darauf folgen Bug und schließlich der Rüssel, die Backen, die Ohren. Um die deftigen Delikatessen besser zu vertragen, kippt man zwischenhinein einen Schnaps, greift zum Mostkrug.
Wenn dann noch Herz, Nieren, Zunge kommen, ist so mancher am Ende seiner Kapazität angelangt. Aber es gilt ja noch die abschließende „Wurststrapaz“ zu absolvieren, bis man dann abgefüllt die lukullische Stätte verläßt. Die derb-fröhliche Runde schließt meist mit einem besonderen Spaß, indem einem Gast heimlich an den Rücken ein Sauschwänzchen angesteckt wird.

Neben Nürnberg hat sich vor allem Coburg mit seinen Bratwürsten profiliert. Die „echten Coburger“, über glühenden Fichten- oder Kiefernzapfen geröstet, sollen genau die Länge des Kommandantenstabes vom Stadtheiligen Mauritius haben, der auf dem Giebel des Rathauses steht. Sagt man.

Abertausend Fischteiche

In Franken ist Karpfenessen seit jeher beliebt, man geht dazu vielleicht sogar groß aus. In Forchheim trifft man sich zur Karpfenpartie.

Ein Trumpf der fränkischen Küche, der immer sticht, ist der Karpfen, in reinem Butterschmalz gebacken, serviert in Nürnberg oder gleich im Aischgrund, wo er seine unübertreffliche Qualität in dunkeläugigen Weihern erreicht. An einem erdwarmen Frühlingstag schwebte ich vor Jahren einmal mit einem Ballon über die Aischgründe. Aufgereiht an hellen Straßenbändern, die über sanfte Hügel, dämmrige Mulden wanderten, lagen Dörfer in die Landschaft gekuschelt. Hellrote Dächer scharten sich um einen Kirchturm, steilwandiges Fachwerk, aber auch dunkelgraues Mauerwerk lugte aus den Gassen. Bäche liefen schlängelnd neben Straßen her, Blütenbäume standen weißgetupft in den saatgrünen Zeilen der Felder.

In die Wiesen, Felder, Wälder eingestreut die zahllosen Silberspiegel der Fischweiher. In Scharen glitzerten sie im Gegenlicht und kräuselten sich funkelnd. Manche Weiher waren zu einer Gruppe zusammengekoppelt, durch schmale Dämme getrennt, manche lagen versteckt in dunklen Kiefernwäldern, deren Stämme orange im Abendlicht aufleuchteten. Immer wieder liefen kleine Stege in das blitzende Naß. Der leichte Frühlingswind trug uns leise über eine Landschaft, über die sich langsam Schatten senkten. Das war also das Zentrum der fränkischen Fischwirtschaft, Tausende Hektar Weiherfläche, aus denen allherbstlich Tausende von Zentnern Aischgründer Spiegelkarpfen kommen: Deren Merkmale sind der hohe Rücken und die gedrungene Form.

Zurück geht die Karpfenzucht auf die Klöster des frühen Mittelalters, die den exzellenten Fisch gern als Fastenspeise bevorzugten. Wohl gibt es größere Fischgüter, meist aber wird die Karpfenzucht nur als Zusatzbetrieb zum Feldbau hinzugenommen. Neue Teiche werden laufend angelegt, denn das für das Keuperland so charakteristische Fischessen erfreut sich steigender Beliebtheit.

Hochkonjunktur haben die Teichwirte vor Weihnachten; denn über den trüben November tröstet sich ein Franke gerne mit einem Karpfen blau oder auch gebacken, und die Hälfte der Franken zieht an den Festtagen einen Fisch der Weihnachtsgans allemal vor.

Berühmt sind auch die Forellen aus den klaren Bächen der Rhön,

den grünen Wassern der Wiesent und Püttlach oder des romantischen Ailsbaches oder der Tauber: blau mit Butter und Kartoffeln oder gebacken nach Müllerinart. Die hohe Zeit der Fischspeisen sind die Monate mit „r". Mittlerweile gibt es in vielen fränkischen Familien am Heiligabend statt der traditionellen Bratwürste Karpfen. Und in Würzburg ist es für unsere Kinder alljährlich ein besonderes Erlebnis, wenn wir am 24. Dezember vormittags am Alten Fischmarkt unter dem lustigen Brunnen mit den steinernen Fischerbuben unsere Karpfen einkaufen. –

Wenn wir gerade in Würzburg sind: In der urigen „Fischbäuerin", linksmainisch in der Katzengasse, sollte man auf alle Fälle sich die „Meefischle" nicht entgehen lassen, kleine Weißfische aus dem Main, die man gebacken mit Kopf und Schwanz ißt, eine knusprige Spezialität, die ihresgleichen sucht, und dazu einen oder mehrere Schoppen Frankenwein.

Wenn die Herbstnebel über Mittelfranken ziehen, wird im Aischgrund „abgefischt", die Fischbauern bringen ihre vielbegehrte „Ernte" ein.

Gemüse in Hülle und Fülle

Das Gemüseland nördlich von Nürnberg wird oft „Knoblauchsland" genannt. Einmal abgesehen von der aromatischen Bereicherung der Speisen verspricht man sich auch sonst sehr viel von diesem duftenden Gewächs, vor allem ein hohes Alter.

„Kraut füllt die Haut", heißt es schon immer, und so kann man gar nicht genug davon bekommen. Kraut zu Kartoffel- oder Erbsenbrei und dazu Bratwurst, Ripple, Geräuchertes, Schweinebauch, gebratene Leberwürste, das gibt es überall in Franken. Das Gute am Sauerkraut ist, man kann es immer und immer wieder aufwärmen – und es schmeckt jedesmal besser. Allerdings dürften sich alle Ernährungswissenschaftler mit Grausen wenden, denn vom Vitaminreichtum frischen Weißkrauts bleibt dann gar nichts mehr. Aber einmal wird man doch sündigen dürfen? Natürlich gibt's in Franken nicht nur *eine* Art Sauerkraut, sondern Kraut in zahlreichen Nuancen. Und weil die Varianten so zahlreich sind, wird es auch oft aufgetischt. Schließlich hat man ja genug davon; es wächst hier in reichem Maße, vor allem um Unterpleichfeld, das allein fünf Krautfabriken beherbergt. Aber auch bei Kitzingen, Marktsteft, Segnitz gedeiht der Hautfüller.
In nördlicheren Regionen gegen Schweinfurt zu, in Bergrheinfeld, besonders aber um die ehemaligen „freien Reichsdörfer" Gochsheim und Sennfeld gelangt man in das Land der „Kümmerli", der Gewürzgurken. Bis hoch in die Rhön hinauf werden sie auf freiem Feld an der Straße zum Verkauf angeboten. Mit Essig, Gurkengewürz, Borretsch und Dill werden sie in Gläsern eingeweckt. Früher gab es noch die Salzgurken, die im Tontopf eingelegt wurden und die man samstags zu Kartoffelgemüse und schwarzer Wurst aß.
Wenn man die Bamberger Gärtner „Zwiebeltreter" und die Nürnberger „Petalasbuem" heißt, dann werden damit zwei Landstriche angesprochen, die nicht nur Zwiebel und Petersilie liefern, sondern noch mancherlei Gewürzkräuter, wie man sie in Franken liebt – nicht zu vergessen Knoblauch, nach dem ein ganzer Landstrich genannt wird. Aus diesen Breiten um Nürnberg und Erlangen kommt auch der Meerrettich, der Kren, der vielerlei Speisen mit seiner pikanten Schärfe aufwertet.
Als Krönung aller Gewächse muß nun aber unbedingt des fränkischen Spargels gedacht werden, den zu genießen man von weither anreist. So sind viele Gasthäuser, die sich mit Spargelgerichten einen Namen gemacht haben, zur Spargelzeit ausgebucht. Thüngersheim, Retzbach

wären da zu nennen, mit Weinen, die nicht besser zu dieser erlesenen Gaumenfreude passen könnten. Frickenhausen, Volkach – Namen, die auf der Zunge zergehen wie zarteste Spargelspitzen. Frisch gestochener Spargel, neue Kartoffeln, zarter Schinken, ein Riesling, und man hört überm Main die Engel singen. Lukullische Höhepunkte Frankens! Aber auch bei Bamberg und Nürnberg gibt es hervorragenden Spargel, und da Spargel und Nürnberger Bratwürste zu meinen Lieblingsspeisen gehören, sind die berühmten Spargellokale in und um Nürnberg seit Jahren für mich eine unwiderstehliche Versuchung.

Klösse, Klösse, Klösse!

Beim Fleisch dürfte in Franken zu Hause oder im Gasthaus der Schweinebraten an der Spitze stehen. Aber auch ein herzhaftes Stück vom Ochsen, vor allem mit Kren serviert, wird überall im Lande gern aufgetischt. Nicht vergessen sei der fränkische Sauerbraten. Sage keiner, er sei derselbe wie der rheinische. Zwar gleichen sich die Marinadenzutaten weitgehend, doch in Franken nimmt man gewöhnlich durchwachsenen Speck zum Anbraten des Fleischs, was natürlich den Geschmack beeinflußt. Im tiefen Spessart einen Wildschweinbraten mit einem Roten aus Klingenberg genossen zu

Zwischen der Nürnberger Burg (rechts im Bild) und dem Dürerhaus (Mitte) an einem schönen Frühlingstag auf der Terrasse einer zünftigen Wirtschaft zu sitzen und einen fränkischen Spargel zu genießen, das bringt die Welt ins Lot.

Tiefe, geheimnisvolle Wälder, einsame Täler und ein herzhaftes Wildgericht sind die Trümpfe des Spessart.

haben, bedeutet, daß man in tiefste Spessartgeheimnisse eingedrungen ist.

Zu fast allem ißt man Klöße, denn ohne sie ist für einen richtigen Franken kaum ein Mahlzeit vollständig. Von einer guten Fee nach seinen innigsten Wünschen befragt, antwortete ein Franke einst, ohne groß zu überlegen: „Klöß, Klöß – und natürlich nochmals Klöß."

Auch hier schlägt wieder entschieden die Liebe der Franken zur Vielfalt durch. Da gibt es halbseidene, seidene, sprich rohe und halbrohe Klöße, aber auch solche aus gekochten Kartoffeln, baumwollene genannt. – Bei den Thüringer Klößen gibt man das Land zu, aus dem das Rezept entlehnt ist. Aber ganz Schlaue munkeln, die Thüringer hätten ihr Rezept aus dem Vogtland stibitzt und ein Stück Vogtland spiele schließlich auch wieder ins Fränkische hinein.

Nicht nur Lebkuchen

Von der hohen Kunst überlieferter Weihnachtsbäckerei zeugen noch die wunderbaren Model, wahre Meisterwerke der Holzschnitzkunst.

Wie die Rostbratwürste ein Wahrzeichen Nürnbergs sind, so trifft das in gleichem Maße auf seine Lebkuchen zu. Wenn in Nürnberg die Saison eröffnet wird, bekommen Kinder vom „Kaiser“ in Ornat und Krone höchstpersönlich Schokoladenlebkuchen geschenkt. Damit wird daran erinnert, daß 1487 Kaiser Friedrich III. dieses Gebäck an Nürnberger Kinder verteilt hat. Von Bäckertaufe und Historienspektakel in der Nürnberger Altstadt begleitet, laufen die automatisierten Backstraßen auf Hochtouren. Der führende Hersteller produziert dann am Tag 2,5 Millionen Lebkuchen. Daß dieses (vor)weihnachtliche Gebäck bei 55 Prozent der Bayern sehr beliebt ist, ist kaum verwunderlich. Nach einer Umfrage machen sich als nächste in der Rangfolge schon 27 Prozent der Berliner etwas aus Lebkuchen. Und das zeigt doch wieder einmal, wie sehr die Berliner auf Bayerisches – in diesem Fall Fränkisches – aus sind.

Bereits im 13. Jahrhundert sollen Lebkuchen ihre Wohlgerüche verströmt haben. Die Nürnberger wurden bald Spitzenreiter in dieser duftenden Spezialität, obwohl Lebkuchen ursprünglich in Schlesien und Ostpreußen hergestellt wurden. Denn zum einen konnten die Nürnberger die dazu nötigen Gewürze billig einkaufen, weil sie günstig an den entsprechenden Handelsstraßen lagen. Zum andern lieferte ihr „Haustier“, die Biene, in unzähligen Bienenstöcken in den Reichswäldern Honig in Massen, womit die Honigkuchen gesüßt wurden.

Man würde es sich einfach machen, nur von den Nürnberger Lebkuchen zu sprechen, denn es gibt eine ganze Palette von Sorten, angefangen beim „Nürnberger Allerlei“: Kleingebäck wie Sterne, Schnitten, Dominosteine und die braunen Lebkuchen ohne Oblaten. Dann folgen mit weniger Mehl, dafür aber reichlich Mandeln und Nüssen, feingewürzt und bestückt mit Zitronat und Orangeat, die Lebkuchen mit Oblaten. Die höchsten Zuwachsraten in letzter Zeit und die anspruchsvollsten Zutaten haben die Elisenlebkuchen. Dieser Bestseller trägt den Namen einer frühverstorbenen Tochter eines Nürnberger Lebküchners. – Erwähnt seien auch die weißen Lebkuchen, mit Eiern aufgehellt und meist rechteckig geformt. Füllt man zwischen zwei Teig-

lagen aus Zucker, Eiern und Mehl ein Gemisch von geriebenen Lebkuchen der einfacheren Sorte mit Honig, Wein, Zitronat, Orangeat, Zimt und Nelken und backt das alles schön zusammen, dann hat man die klösterliche Leckerei „Nonnenkräpfchen" – oder despektierlich „Nonnen-Fürzli" genannt.
Aber nicht nur die Nürnberger haben ihre süßen Spezialitäten, andere Orte halten da auch noch Leckeres bereit, was wohl nicht den Weltruf der Norica hat, aber von Insidern hoch geschätzt wird: Bayreuther Spritzkuchen, Coburger Schmätzchen, Bernecker Pfeffernüssla, Bamberger Seelspitzen, Dettelbacher Muskazinen, Cadolzburger Adventssterne, Rothenburger Mandelhippen und nicht zuletzt Würzburger Eiermarzipan oder kurz Springerle, die nach der Form genannt werden, mit der man sie macht.

Der Christkindlesmarkt auf dem Hauptmarkt in Nürnberg verzaubert alljährlich Millionen Besucher mit seinen Düften, seinem Glanz, seiner einmaligen Atmosphäre.

Das Mekka des Bieres

Eine Pfundsstimmung und eine lautstarke Stammtischdiskussion über „die da unten in München ...“ kommt auf, wenn fränkisches Bier aus dem Zapfhahn fließt.

Rechts: Seit Jahrhunderten ist Spalt für seinen Hopfen bekannt. Das etwas außerhalb des Ortes gelegene Hopfengut Mühlreisig mit seinem eindrucksvollen Fachwerk bringt es auch schon auf fast 250 Jahre. Es gilt als das schönste der alten Hopfenhäuser, wie sie früher zum Trocknen der Dolden erbaut wurden.

Nirgendwo auf der Welt gibt es eine größere Brauereidichte als in Franken. Und in unseren Breiten ist man auch stolz auf „die stärksten Biere der Welt“. Eines davon wird in Kulmbach gebraut, der Eisbock. Ein Kulmbacher Bierbrauer soll einmal aus Versehen ein Faß Bier im Hof liegen gelassen haben. Der Frost machte das Bier zu einem Sirup, dem „Bayrisch Gfrorns“ mit 24 Prozent Stammwürze. Das ergibt stattliche 9 Prozent Alkohol.

Übertroffen wird das starke Bier aber noch von einem anderen Bräu der örtlichen Konkurrenz, EKU 28 genannt, und damit kennen Sie gleich dessen Stammwürze. Um die Leute nicht danach süchtig zu machen, schenkt man diese Sorten Doppelbock nur gegen Ende der Fastnacht aus, kurz vor Aschermittwoch.

Aber auch das Bier der Franziskaner auf dem Kreuzberg in der Rhön hat es in sich, wie man an der Stimmung in den Klostergewölben tagtäglich erleben kann. Es sind nicht nur fromme, durstige Wallfahrer, die dem Bier zusprechen, auch jeden rechten Rhönurlauber zieht es mindestens einmal zu den Maßkrügen des Klosters.

Um mit Rekorden fortzufahren: Die älteste deutsche bildliche Darstellung eines Bierbrauers findet sich in einer Nürnberger Handschrift aus dem Jahre 1397, dem Hausbuch der Mendelschen Zwölfbruderstiftung. Bier braut man aber in Franken sicher schon viel länger. Bereits 1293 erließ der Stadtrat von Nürnberg, daß von den Brauern nur noch Gerste vermälzt werden dürfe. Um 1330 gab es dort auch einen Hopfenmarkt. Dem bekanntlich 1516 erlassenen bayerischen Reinheitsgebot, wonach außer reinem Wasser, reinem Malz aus Gerste oder Weizen und Hopfen kein weiterer Rohstoff und kein Hilfsmittel genommen werden darf, gingen also erhebliche fränkische Bemühungen um reines Bier voraus.

Oberfranken ist das eigentliche Mekka des Bieres. Dort beginnt im Fichtelgebirge auch die Bierstraße, läuft über Bayreuth nach Kulmbach, der Hochburg des Bieres – es sind im wahrsten Sinn des Wortes gewaltige Bierburgen, die aus der Stadtlandschaft Kulmbach herausragen. Glauben wir Volkes Stimme, dann erkennt man oberfränkische Biermentalität an dem Ausspruch: „Ich glaab, ich werd

krank. Die fünfte Maß Bier schmeckt mer nimmer!"
In Bamberg wird es dann ganz zünftig, geht man dort ins berühmte „Schlenkerla", das rechts am Weg vom alten Rathaus zum Dom liegt. Um sich mit der örtlichen Spezialität Rauchbier anzufreunden, muß man wohl erst mal drei Halbe getrunken haben, damit man den besonderen Geschmack zu schätzen weiß. In der gemütlichen Wirtschaft ist alles auf das Rauchbier abgestimmt: Die Holzverkleidung der Stubenwände, die tiefschwarzen Deckenbalken sind verräuchert wie echtes Bauerngeräuchertes. Aufgetischt werden beim Bierbrauervesper Rauchfleisch und sogar geräucherter Käs. Als eine echte Besonderheit gilt, daß Sie auch eigenes Vesper mitbringen dürfen, außer zu den Hauptmahlzeiten.
In diesem Haus gibt es seit 1678 Rauchbier. Hergestellt wird es wie andere Biere auch, nur daß die Gerste auf der Darre nicht gewöhnlich getrocknet wird, sondern der Rauch des zum Trocknen verwendeten Buchenholzfeuers das Grünmalz durchzieht. – Der Name „Schlenkerla" kommt nicht, wie man glauben möchte, vom schlenkernden Gang, mit dem mancher Zecher nach dem Gasthausbesuch über die Straße geht. Er geht auf den alten Graser zurück, einen Vorfahren des heutigen Wirtes, den die Bamberger „Schlenkerla" nannten wegen seines schlenkernden Ganges, der jedoch mit dem Bierkonsum nicht unbedingt zusammenhing.
Aber nicht nur in Bamberg, sondern auch um Bamberg kann man hervorragende Biere entdecken. Sie kommen aus kleinen und mittelständischen Brauereien, die von alters her unverwechselbare Biere brauen. Wie überhaupt viele Kleinbrauereien in Franken, besonders auch im Fichtelgebirge, herrlich süffige Biere liefern.
Von Bamberg an haben wir es sogar mit zwei Bierstraßen zu tun: mit der fränkischen Bierstraße „Steigerwald", die nach Neustadt an der Aisch führt, und der Fortsetzung der Straße, der wir bisher gefolgt sind. Sie geht durch die Fränkische Schweiz nach Nürnberg, in dessen Mauern sich zwei „Bierriesen" niedergelassen haben – und eine junge, doch sehr traditionsbewußte Brauerei inmitten der Altstadt über den uralten Felsenkellern.

Daß es in Franken zu einer so ausgeprägten Bierkultur gekommen ist, hängt mit drei exzellenten Voraussetzungen zusammen: Die Gebirge liefern ein wunderbar frisches, weiches Wasser, aus Deutschlands drittgrößtem Hopfenanbaugebiet um Spalt in Mittelfranken kommt der Hopfen, und aus Unterfranken stammt gute Braugerste. So wie die Zutaten auf die drei fränkischen Regierungsbezirke verteilt sind, kann man gut sagen, in allen drei fränkischen Landen wird Bier sehr gerne getrunken, auch in Weinfranken.

Wer sich in die fränkische Bierkultur einführen lassen will, besucht am besten dazu ein Intensiv-Seminar, zum Beispiel in „Frankens gemütlicher Ecke“, im Steigerwald. Dabei erfährt man nicht nur Wissenswertes rund ums Bier, es wird auch die schwere Kunst des Bierzapfens erklärt. Natürlich darf man zum Üben selbst ans Faß. Zum Abschluß des Seminars kann man eine Prüfung ablegen und sich nach Bestehen „Dr. b.c.“ (bierologis causa) nennen. Um sich als Bierfachmann oder -fachfrau hinfort ausweisen zu können, erhält man noch eine Urkunde und als Erinnerung an schöne Tage einen original Brauer-Bierkrug. Es versteht sich, daß die fränkische Verköstigung der Teilnehmer eine „Brauerplatte“ enthält.

Im weiten, offenen Land vor dem Steigerwald findet man fruchtbare Getreidefluren. An den steilen Westhängen reifen erlesene Weine. Das waldreiche Oberfranken ist dagegen traditionelles Bierland.

MAINFRANKEN – WEINFRANKEN

Ein „Buschen“ an einem Stock ist verheißungsvoller Wegweiser in eine Heckenwirtschaft, wo Häcker ihre Gäste mit Wein und anderen eigenen Erzeugnissen verwöhnen.

Wenn ein Fremder mit einem alteingesessenen Mainfranken über Wein ins Gespräch kommt, wird er bald spüren, wie sich der fränkische Nationalstolz rührt und welche Begeisterung ihn befeuert. Man muß es einfach einsehen: Es gibt keinen ehrlicheren – ich bin sogar geneigt zu sagen: männlicheren – Wein als den Frankenwein. Zuletzt wird der Franke dann auftrumpfen, schließlich sei der Krönungswein der englischen Königin Elisabeth II. auch aus Franken gewesen.
In der Tat, der Wein zeichnet nicht nur aufs malerischste die Gestade des Mains, er ist ein, für viele *der* Höhepunkt eines gesegneten Landes. In den letzten zehn Jahren hat sich das Anbaugebiet verdoppelt: 1991 waren es auf etwa 6000 Hektar immerhin über 200 Einzellagen in 24 Großlagen. Auf Qualität wird aber wie früher größter Wert gelegt. Das ist man schon seinem Markenzeichen, dem Bocksbeutel, schuldig. Und schließlich hat der Wein auch noch eine respektable Geschichte: Bereits 777 ist Frankenwein urkundlich belegt, denn da schenkte Karl der Große dem Kloster in Fulda Weinberge in der Gemarkung Hammelburg. Die exponierte Lage des fränkischen Weinbaugebietes bringt es mit sich, daß in der über 1200 Jahre alten Geschichte erhebliche Unterschiede in Quantität und Qualität auftraten. Wohl gehört Franken zu den wärmsten und an Sonnenschein reichsten Landschaften Deutschlands. Östlich des Spessarts kann das Thermometer dennoch auf Kältegrade sinken, die anderen Weinbaugebieten meistens fremd sind. Die Sonne, der Fleiß und die Mühe, dazu die mineralstoffreichen Böden erbringen charakteristische Weine, die für viele Kenner zu den besten zählen. Wein war für kirchliche und weltliche Herrscher stets eine wichtige Einnahmequelle, entsprechend förderten sie ihn. Manche großen Kunstwerke bezahlten sie mit den Erträgen ihrer Weinberge.
An Fruchtigkeit, Rasse und Eleganz stehen die Weine um Hörstein, Wasserlos und Michelbach in Franken an der Spitze, weil sie auf Schiefer und Gneisen stehen. Im übrigen gilt grundsätzlich die Dreiteilung von West nach Ost in Buntsandstein, Muschelkalk und Keuper auch für die fränkische Weinlandschaft. Der Buntsandstein am Mainviereck und Thüngersheimer Sattel

ist besonders durch seine Rotweine bekannt, durch Portugieser und Spätburgunder. Auf dem Muschelkalk am Maindreieck, an Saale und Tauber wachsen gehaltvolle bis schwere Weine aller Rebsorten von erdhafter Prägung. Auf den Keuperböden, am Steigerwaldabfall und am Obermain bei Haßfurt, gedeihen fruchtige, rassige, kräftige, lang lagerfähige Weine.
Heute baut man nur noch in guten, ja besten Lagen an und gewinnt so Weine mit eigener Seele, mit Charakter, Weine hoher Qualität, Spitzenweine.
Zu den fränkischen Renommierweinen ist sicher ein Eiswein mit einem Mostgewicht von 218 Grad Oechsle zu rechnen, womit ein neuer deutscher Rekord aufgestellt wurde. Winzer in Escherndorf im Landkreis Kitzingen hatten die gefrorenen Trauben des Jahrgangs 1992 aus der Weinbergslage „Lump" bei minus sieben Grad Celsius auf die Kelter gebracht. Ein solches Eiswein-Mostgewicht sei in Deutschland

Der Wein wird in Franken in bauchige Flaschen, Bocksbeutel genannt, abgefüllt. Das Wort leitet sich tatsächlich von „Beutel" des Bockes ab, mit dem er – ob man das nun sehen will oder nicht – eine gewisse Ähnlichkeit hat.

noch nie erzielt worden, teilte der Fränkische Weinbauverband mit. 115 Liter davon gingen ins Holzfaß und wurden nach mindestens einjährigem Ausbau in Bocksbeutel abgefüllt. Sicher ein Wein der Spitzenklasse, und der Preis wird wohl auch „Spitze" sein.
Frankenweine haben wegen ihrer Qualität und Singularität entsprechend hohe Preise. Als kleine Richtlinie dazu: In der Preisliste 1992 des Juliusspitals kostete ein 1988er Randersackerer Pfülben, Rieslaner, Trockenbeerauslese mit fulminanter Säure, großer Tiefe und enormem Nachhall, ein Wein der internationalen Spitzenklasse, Frankenweinmedaille in Gold, großer Preis der DLG-Bundesweinprämierung, knapp über 100 Mark.

Heckenwirtschaften, Schoppenfetzer und ein Blick in den „Weinhimmel"

Man trifft sie überall in Weinfranken, die Hecken- oder Straßenwirtschaften, und sie haben eine lange Tradition. Ein Häcker, der seinen eigenen Wein ausschenken will, hängt nach behördlicher Genehmigung einen „Buschen" oder „Strohwisch" an einen Stock und zeigt damit an,

Von Schweinfurt kommend eröffnen Stammheim mit dem „Eselsberg" und Wipfeld am Maindreieck den Reigen malerischer Weinorte wie Eschendorf, Volkach, Dettelbach, um nur einige derer zu nennen, die den Frankenwein berühmt gemacht haben.

In Sulzfeld findet sich unweit des Rathauses mit seiner prächtigen Renaissancefassade der Heilige Michael, der über einer Hand mit Weintrauben bedeutungsvoll Gutes und Böses wägt.

daß bei ihm gezecht werden kann. Die Gäste werden meist in der ausgeräumten guten Stube bewirtet.
Oft treffen sich dort Freundeskreise, die sich im Trinken und Diskutieren seit Jahren bewährt haben. Zum Eigenbau-Schoppen gehört die deftige, echte Häckerbrotzeit: weißer oder roter Gelegter, Knäudele, Schinken, Bratwürste, Blaue Zipfel. Wenn die Schoppenfetzer – in Schwaben sagt man dazu „Viertelesschlotzer" – nach dem Besuch einer Heckenwirtschaft den Bus zur Heimfahrt besteigen, wehen kräftige Alkoholfahnen durch die Sitzreihen. Die Gesichter sind gerötet, strahlen Glückseligkeit aus. Meist beschließt man dann lautstark, wann der nächste Heckenwirtschaftsbesuch stattfinden soll, denn es war ja soo schön . . .
Belegt sind diese Wirtschaften seit dem 16. Jahrhundert. Selbst Vikare geistlicher Stifte und Nonnen versuchten, damit ins Geschäft zu kommen. Dagegen protestierten die Häcker natürlich, und sie hatten Erfolg.
Vom Trinken ist es nicht weit zum Essen. Es soll sogar Leute geben, die sagen, sie essen nur, um trinken zu können. – Also Essen als sogenannte Grundlage. Wer Essen und Trinken ideal aufeinander abstimmen will, findet bei uns ein so differenziertes Angebot an Weinen, daß es wirklich nicht schwer sein sollte, den passenden zu finden. So zum Schweinernen einen Silvaner, zum Kalbfleisch einen Müller-Thurgau, zum Wild einen Spät-Frühburgunder und zu den fränkischen Fischen einen Riesling oder Rieslaner.
Auch das Angebot an Wein- und Winzerfesten in Franken ist enorm. Im März fängt man an, im November hört man auf zu feiern. Im Prospekt der Gebietsweinwerbung „Frankenwein – Frankenland GmbH" wurden für 1992 146 Weinveranstaltungen aufgeführt. Wein und die Atmosphäre passen da bestens zusammen.
Wer an einem lauen Sommerabend unter blankem Sternenhimmel in den Straßen und Gassen von Sulzfeld gesessen hat – um einen umher stehen alte Türme, Tore, ein Rathaus mit spitzem Volutengiebel –, der weiß, wovon ich rede. Da wird der Wein zum Zaubertrank, der die Herzen aufschließt, weinfrohe Seelen beginnen zu jubeln und zu singen. Diese Stimmung

geht den Main entlang, von Klingenberg bis Volkach, zieht sich von Iphofen, Rödelsee, Wiesenbronn bis Castell und Abtswind zum Steigerwald hin. Wer sich in tiefste Weingeheimnisse einführen lassen will, der wird in den heiligen Gewölben von Winzern bei Weinproben kundige Worte über ihre Weine hören, mit Stolz und Begeisterung vorgetragen, als sprächen sie von schönen Frauen. Endlos könnte ich ein Loblied singen über immer neue Entdeckungen, über die letzten Weisheiten, die Bacchus – oder sollte ich sagen, der Weinheilige Urban? – aus bauchigen, dunklen Bocksbeuteln mir über die Zunge rollen ließ. Unvergeßlich, ja Höhepunkte des Lebens, wenn ich mit Freunden in die gewaltigen Gemächer der Hofkellerei unter der Würzburger Residenz stieg. Zu ehrwürdigen Fässern mit Schnitzerei und Bodensprüchen, die das hohe Lied des Weines singen, Behältnisse von 25 000, sogar 50 000 Litern. Im Kerzenschein erlebten wir geschliffene Probeleitungen, erleuchtet von den Mysterien Frankens.

Die mainfränkische Landschaft ist geprägt vom Wein. Er gestaltet Kultur und Natur, er hat den Tälern und Hügeln seinen Geist gegeben, er erbaute Dörfer und

Zwischen Retzbach und Thüngersheim steigen noch einige wenige steile Weinbergslagen zwischen Felsen hinauf, durchzogen von Treppchen und Stufen.

In Bamberg, wohl eine der schönsten Städte Deutschlands, gibt es nicht nur Meisterwerke aller Kunstepochen, man versteht sich dort auch auf vortreffliche Getränke, angefangen beim Rauchbier bis zu den urigen Schnäpsen.

Städte, sorgte für Frieden in den Fluren. Er atmet in Winkeln und Gassen, Höfen und Kellern, in gemütlichen Weinstuben und Gasthäusern. Er finanzierte Kirchen und Schlösser. Er bringt den Hauch des Ewigen über das Land. Die Krönung, Heiligung vieler Weinberge sind Kirchen und Kapellen, wie Maria im Weinberg bei Volkach, die Wallfahrtskirche Dettelbach, die Vogelsburg, die Kapellen über Sulzfeld oder Randersacker. Dazu kommen die vielen Bildstöcke mit Weinbergsheiligen und Kreuzschleppern.

Fromm sind da auch manche Weinlagen mit heiligen Namen bedacht: Retzbacher Benediktusberg, Sulzfelder Cyriakusberg, Würzburger Marienberg und andere mehr. Himmel und Hölle werden beschworen beim Leinacher Himmelberg, Engelsberger Klostergarten, Krumer Himmelreich und Randersackerer Ewig Leben. Als handfester Kontrast dazu der Randersackerer Teufelskeller, die Obereisen-

heimer Höll oder auch der Kammerforster Teufel.
Aber auch viele „Viecher“ geben den Weinbergen ihren Namen: Erlenbacher Krähenschnabel, Rödelseer Schwanleite, Iphöfer Kalb, Sulzfelder Maustal, Sommeracher Katzenkopf, um nur die geläufigsten zu nennen. Dazwischen tönen die Klänge vom Bergtheimer Harfenspiel oder die Harfe vom Würzburger Stein, und der Schalk am Schalksberg hat auch noch seine Hände im Spiel.
An den blankgescheuerten Tischen aber murmeln die Schoppenfetzer: „Teufel, ist der Wein gut . . .“ oder „Herrgott, ist der sauer!“ Je nachdem, wie lange die Weinmeditation dauerte, kommt einer dann mit einem Affen, Suff, Rausch, Fetzenrausch, Kanonenrausch, Kapitalrausch, Mordsrausch oder gar Saurausch heim, wo ihm seine Frau dann sicher die richtige Einstufung in eine der oben angeführten Steigerungsformen auf den Kopf zusagt. Der aber lächelt nur noch und ist mit sich und der Welt eins, denn der Frankenwein macht selig.
Noch höherprozentige edle Tropfen will ich abschließend erwähnen. In vielen Weingasthöfen mit eigenem Winzerbetrieb kann man außer Wein exzellente Edelbranntweine aus der eigenen Hausbrennerei erstehen. Es heißt dann oft: „Hergestellt aus vollreifen, hochwertigen Früchten, sorgfältig destilliert und abgelagert.“ Das Angebot reicht vom Obstler – meist aus Äpfeln und Birnen gebrannt – über den Zwetschgen- bis zum Mirabellenedelbrannt. In herberen Gefilden wie der Rhön sind dann auch die Schnäpse etwas deftiger. Der „Rachenputzer“ hilft, den Speck zu verdauen, oder heizt ein, wenn schneidender Schneewind in die Glieder fährt.
Aus der Sechsämterstadt Wunsiedel kommt der berühmte, bittersüße Sechsämtertropfen. Ein Chronist weiß schon anno 1716 begeistert zu berichten: „Auch ist dieses Gebürg vor vielen anderen Ländern reich an Vogelbeerbäumen, deren früchte jedem in Sonderheit die herrlichsten Brandweine geben, welche des gemeinen Manns umb diese gegend fast allgemein Arzneyen vor Menschen und Viehe seind . . .“

IST GANZ GEWISS

VORSPEISEN UND VESPER

Speckwecken zum Wein

500 g Weizenmehl
1 Päckchen Trockenhefe oder 20 g frische Hefe
1 Prise Zucker
½ TL Salz
¼ Liter lauwarme Milch
100 g weiche Butter
1 Ei
1 Zwiebel
200 g Speck in Scheiben
½ TL getrockneter Thymian

Fürs Backblech:
Butter

Zum Bestreichen und Bestreuen:
1 EL Sahne
1 TL Kümmel

Das Mehl mit der Hefe, dem Zucker und dem Salz mischen, die Milch, Butter und das Ei dazugeben und alles gut verkneten. Den Hefeteig zugedeckt an einem warmen Ort etwa 45 Minuten gehen lassen.
Die Zwiebel schälen und fein würfeln. Den Speck in feine Streifen schneiden, in einer Pfanne ohne Fett ausbraten. Die Zwiebelwürfel 2 Minuten mitbraten und den zerriebenen Thymian untermischen.
Die Masse abkühlen lassen. Das Backblech mit Butter bestreichen. Den Teig nochmals durchkneten, in 12 gleich große Stücke teilen und diese flach auseinanderziehen. Die Speckmasse darauf verteilen, die Teigränder über der Füllung zusammendrehen und gut festdrücken. Die Wecken mit der glatten Seite nach oben auf das Backblech legen und 15 Minuten gehen lassen.
Backofen auf 200 °C vorheizen. Die Wecken kreuzweise einritzen, mit Sahne bestreichen, mit Kümmel bestreuen und 20 Minuten backen.

Der Weck – oder die Wecken im Plural – sind, ähnlich wie die Bratwürste, aus Franken nicht wegzudenken, sie gehören einfach dazu. Und vielleicht gibt es auch deshalb so viele Varianten: mit Käs, mit Speck, mit Zwiebeln, mit Körnern aller Art, mit hellem und mit Roggenmehl – von der Früh bis zum späten Abend. Sie schmecken und passen jederzeit.

Würzige Kartoffelplätzle

1 kg mehlig kochende Kartoffeln
2 Knoblauchzehen
1 Bund Schnittlauch
1 TL Salz
1 Messerspitze geriebene Muskatnuß
schwarzer Pfeffer
1 TL getrockneter Majoran
1 Ei
100 g Mehl
100 g frisch geriebener, mittelalter Gouda
2 EL Öl fürs Blech
120 g Sonnenblumenkerne

Zum Beträufeln:
4 EL Öl

Die Kartoffeln weich kochen, schälen und heiß durch die Kartoffelpresse drücken. Den Knoblauch schälen und fein hacken. Den Schnittlauch waschen, trockenschleudern und in Röllchen schneiden.
Den ausgekühlten Kartoffelschnee mit dem Knoblauch, Salz, Muskat, Pfeffer, Majoran, Schnittlauch, Ei, Mehl und Käse rasch verkneten, daß ein gut formbarer Teig entsteht. Eventuell noch etwas Mehl zufügen.
Das Backblech gut mit Öl auspinseln und den Backofen auf 220 °C vorheizen.
Den Teig mit bemehlten Händen in etwa 40 Portionen teilen und runde, flache Plätzchen daraus formen. Die Plätzchen in den Sonnenblumenkernen wenden und diese leicht andrücken. Aufs Blech legen, mit Öl beträufeln und auf der mittleren Schiene 25 bis 30 Minuten backen. Ofenfrisch genießen!

Die Kartoffeln – Grundmaterial für die Plätzle – werden im Fränkischen nicht nur von den Bauern auf dem Feld angebaut, man findet in vielen Gärten und Gärtchen ein paar Reihen davon, „frühe“ und „späte“. Es gibt einen Spruch, der sicher nicht nur in Franken bekannt ist: „Die dümmsten Bauern haben immer die größten Kartoffeln (Grumbern).“
Aber bitte nicht ernst nehmen, wenn man gerade schöne große hat.

DÄTSCHER PIKANT
GERUPFTER

DÄTSCHER PIKANT
15 g Hefe
etwas Milch
500 g Mehl
125 g Butter
200 g gekochte, geriebene Kartoffeln
50 g geschmolzene Butter
4–5 EL Sauerrahm
Salz
Kümmel

GERUPFTER
1 reifer Camembert
50 g Butter
1/2 Schmelzkäse (Sahnestufe)
1 gestrichener TL Rosenpaprika
1 Zwiebel

DÄTSCHER PIKANT
Hefe mit Mehl und etwas Milch zu einem Vorteig verrühren. Butter, Kartoffeln, Mehl und Vorteig verkneten.
Teig zu tellergroßen Fladen ausrollen und auf ein gefettetes Backblech legen, mit Butter und Sauerrahm bestreichen; mit Salz und Kümmel würzen.
Bei 220 °C im vorgeheizten Backofen etwa 30 Minuten backen.

Diese etwa tellergroßen Fladen haben ihren Namen „Dätscher" davon bekommen, daß sie auf dem Backblech flachgedrückt oder fränkisch „gedätscht" werden.

GERUPFTER
Den Camembert grob zerteilen und zusammen mit der Butter und dem Schmelzkäse mit einer Gabel zerdrücken, bis eine einheitliche Masse entsteht. Mit dem Paprika würzen. Die Zwiebel würfeln und am Schluß zum Käse geben.
Der Käse schmeckt am besten mit Bauernbrot.

Die Franken lieben und genießen „ihren Wein", aber „was dazu" ist auch sehr wichtig! Die Dätscher und der Gerupfte sind gute Begleiter und Grundlagen für das eine oder andere Glas Frankenwein.

Fränkischer Kochkäs
Biberleskäs

FRÄNKISCHER KOCHKÄS
3/4 Liter Vollmilch
2 Eier
Salz
Pfeffer
1 TL Hirschhornsalz

BIBERLESKÄS
500 g Vollmilchquark
1/4 Liter süße Sahne
Salz
Pfeffer
1 Bund Schnittlauch geschnitten
1/2 Bund Petersilie gehackt
1 gehackte Zwiebel

FRÄNKISCHER KOCHKÄS
Vollmilch warm stehen lassen, bis sie sauer und dick geworden ist. Die Masse dann gut durchmixen.
Eier, Salz und Pfeffer verrühren, den „Käse" dazugeben und vorsichtig erhitzen, nicht kochen! Hirschhornsalz dazugeben und fest rühren, bis eine glatte Masse entstanden ist.
Eine Porzellanschüssel mit kaltem Wasser ausspülen und die Masse einfüllen. Zwei Tage mit einem Geschirrtuch zugedeckt stehen lassen und dann mit Bauernbrot und Kümmel servieren.

BIBERLESKÄS
Den Quark und die Sahne gut verrühren, mit Salz und Pfeffer abschmecken und die gehackten Kräuter und die Zwiebel unterrühren.
Das schmeckt am besten zu Bauernbrot und frischen Kartoffeln.

Käs ist nicht gleich Käs! Die beiden – Kochkäs und Biberleskäs – zeigen das deutlich und sie sind nicht alleine. Es gibt eine breite Käsepalette auch in Franken, bis hin zu den Steigerwälder Ziegenkäsen. Der Biberleskäs hat seinen Namen von den Küken, den Biberle. Er war ein Nebenprodukt der ländlichen Milchwirtschaft und wurde auch zur Aufzucht der kleinen Hühner verwendet. Man gab kleingehackte Brennesseln oder Kräuter dazu – „unheimlich gesund", auch für die Menschen, und dazu frische Pellkartoffeln. – Ein Genuß, damals, heute, immer.

Blaue Zipfel

½ Liter Wasser
⅛ Liter Essig
4 mittelgroße Zwiebeln in Ringe geschnitten
1 ganze Nelke
1 Lorbeerblatt
5 Pfefferkörner
2 Wacholderbeeren
1 gestrichener EL Senfkörner
1 TL Salz
1 kleine Prise Zucker
1 Karotte
½ Knolle Sellerie
1 Petersilienwurzel
4 Paar fränkische Bratwürste roh
¼ Liter Frankenwein
100 g Champignons oder Pfifferlinge

Das Wasser mit dem Essig aufkochen und die Zwiebelringe und die Gewürze darin 5 Minuten kochen. Karotte, Sellerie und Petersilienwurzel in feine Streifen schneiden und ebenfalls mitkochen. Nach etwa 15 Minuten den Zwiebelsud ausschalten, die rohen Bratwürste einlegen, den Wein dazugießen und das Ganze etwa 10 Minuten ziehen lassen. Die Champignons oder Pfifferlinge noch kurz miterhitzen und dann die Blauen Zipfel zusammen mit dem Sud in einer Terrine anrichten.
Dazu schmeckt am besten ein kräftiges Bauernbrot und zur besseren Verdauung ein Gläschen Zwetschgenschnaps.

In Franken ist die Bratwurst „heilig". Jeder Landstrich, bald jede Stadt hat eine eigene – an der Bratwurst erkennt man die Gegend. Größe, Dichte, Gewürze usw. werden „streng geheim" gehalten. Es gibt zahllose Varianten, und so ist es auch mit den Zubereitungsmöglichkeiten – von gebraten bis gesotten.
Und da wären wir bei den „Blauen Zipfeln": Der Grundsud läßt viele Ausschmückungen und Verbesserungen zu, zum Beispiel mit Tomaten, Petersilie, Stockschwämmchen, Champignons oder Pfifferlingen.
Ein frisches Hausbrot und ein Schnäpsle sind die Krönung dieser würzigen, pikanten Mahlzeit, die zu fast allen Gelegenheiten paßt.

40 Vol.
Schlehenbrand
Einmaischen und
Destillieren gewonnen
HAUSBRENNEREI
Alfred Wecklein
Binsbach
9363/16 02

Fränkische Sülze Hausfrauen Art

500 g Schweineknöchle
½ Schweinskopf
750 g Schweinefleisch vom Stich (Bruststpitze)
Salz
Pfeffer
Essig nach Belieben
Lorbeerblatt
Suppengrün
1 ½ Liter Salzwasser
25 g Sülzepulver
1 saure Gurke
3 gelbe Rüben (Karotten)
Petersilie zum Dekorieren

Die Knöchle, den Schweinskopf und das Fleisch in einem großen Topf mit dem Salzwasser, den Gewürzen und dem Suppengrün in etwa 1 Stunde weich kochen. Nun das Fleisch etwas abkühlen lassen und von den Knochen lösen. Dann die Fleischportionen in Stücke schneiden und in vorbereitete Suppenteller verteilen. Jetzt mit ½ Liter Kochbrühe, den nicht völlig zerfallenen Teilen des Suppengrüns und mit Hilfe des Sülzepulvers eine Sülzbrühe bereiten. Bevor man die Brühe über das Fleisch gießt, garniert man jede Portion mit Scheibchen der sauren Gurke, Stückchen der gelben Rüben und Petersilie.
Zum Schluß wird alles vorsichtig mit Sülzbrühe übergossen und kalt gestellt.
Dazu schmecken Bratkartoffeln oder frisches Schwarzbrot.

Früher war die Sülze eine gute Gelegenheit, das Kleinfleisch vom Schlachten gut und sinnvoll zu verwerten. Und sie bot dazu noch viele Möglichkeiten beim Ausgarnieren und für allerlei Geschmacksvarianten. – Wieso eigentlich „bot“? Sülze bietet das heute noch und ist so praktisch vorzubereiten für Einladungen, und der Phantasie sind keine Grenzen gesetzt.

Ochsenfleisch kalt mariniert

1 kg Ochsenbrust
1 Lorbeerblatt
5 Pfefferkörner
1 TL Salz
½ Stange Lauch (Porree)
2 Karotten

Für die Marinade:
4–5 EL Essig
¼ Liter Wasser
1 TL Salz
1 Prise Zucker
etwas Pfeffer
1 Zwiebel in Würfeln
½ Bund gehackte Petersilie
1 EL Öl

Die Ochsenbrust in kochendes Wasser einlegen, Lorbeerblatt, Pfefferkörner und Salz dazugeben. Den Lauch und die Karotten waschen, kleinschneiden und ebenfalls dazugeben. Die Ochsenbrust etwa 1 Stunde leise kochen lassen.
Für die Marinade: Alle Zutaten außer dem Öl gut miteinander vermischen.
Wenn das Ochsenfleisch fertig ist, legt man es für etwa ¼ Stunde in kaltes Wasser. Dann werden die Fettstücke sorgfältig abgeschnitten und das Fleisch wird in Scheiben geschnitten.
Diese werden für mindestens 2 Stunden in die Marinade eingelegt. Vor dem Servieren wird noch das Öl über das Ochsenfleisch gegeben.

Ein richtiges Sommeressen – erfrischend und pikant – für ein Mittag- oder Abendessen. Und so praktisch: Man kocht das Fleisch und hat eine herrliche Brühe, die für vielerlei Einlagen geeignet ist. Natürlich ist es auch ein gutes Fleischgericht. – Einmal gekocht, zweimal essen: Hausfrauen früher hatten auch schon eine gute Logistik, und sie verstanden im wahrsten Sinn des Wortes „hauszuhalten".

Kalbsbries im Gemüsebett

2 Kalbsbriese (zusammen etwa 500–600 g)
3/4 Liter Wasser
1/4 Liter Essig
2 Karotten
1 Zwiebel
1/2 Knolle Sellerie
1 kleine Stange Lauch (Porree)
etwas Butter
1 Prise Salz
Pfeffer

Das Bries so lange gut wässern, bis kein Blut mehr austritt. Das Wasser mit dem Essig zum Kochen bringen und das Bries kurz damit überbrühen, damit sich die Haut schön löst. Das Bries häuten, alle knorpeligen Stellen entfernen und in kochendem Essigwasser etwa 25 bis 30 Minuten weich kochen.
In der Zwischenzeit Karotten, Lauch und Sellerie putzen und in feine Streifen schneiden. Zwiebel schälen und würfeln. Die Gemüsestreifen mit den Zwiebelwürfeln in etwas Butter andünsten, mit 1/8 Liter Wasser aufgießen, mit Salz und Pfeffer abschmecken und in 15 Minuten weich dünsten.
Das gekochte Bries in Scheiben schneiden und auf den Gemüsestreifen anrichten. Eventuell noch mit etwas Salz und Pfeffer würzen.

Das Kalbsbries, die Thymusdrüse des Kalbs, ist für Wachstum und Knochenbildung verantwortlich. Es ist weiß, zart und wurde stets gerne zu Vorspeisen und als Suppeneinlage verwendet. Etwas Kostbares – eine Delikatesse, und weil so ein großes Kalb ein so kleines Bries hat, ist es ratsam, es rechtzeitig beim Metzger zu bestellen.

Suppen und Eintöpfe

Spargelcremesuppe
Endiviensuppe

SPARGELCREMESUPPE
350–500 g Spargel
40 g Mehl
40 g Butter
etwa ¼ Liter Hühnerbrühe
1 Eigelb
3 EL süße Sahne
Salz
etwas Zucker
gehackte Petersilie

ENDIVIENSUPPE
1 Staude Endivien oder frischer Spinat (etwa 400 g)
1 EL Butter
1 EL Mehl
1 Liter Fleischbrühe
Salz
Pfeffer
geriebene Muskatnuß
etwas Butter zum Rösten
Weißbrot oder Croûtons nach Belieben

SPARGELCREMESUPPE

Spargel schälen und waschen, in 2 bis 3 cm lange Stücke schneiden, mit Wasser bedeckt 15 Minuten leise kochen und abseihen.
Mehl in Butter hellgelb anschwitzen, mit ¼ Liter Spargelsud und Hühnerbrühe auffüllen und durchkochen lassen.
Eigelb mit Sahne verrühren, in die Suppe geben, damit sie bindet, mit Salz und Zucker abschmecken; nicht mehr kochen lassen.
Spargelstücke dazugeben und mit Petersilie bestreuen.

Auch in Franken gibt es köstlichen Spargel, in den beiden Erntemonaten meist in Hülle und Fülle. Die Güteklassen 1a, 1 und 2 haben einen guten Markt, aber der Bruch und dünne Spargel nicht. So kann man damit allerlei preiswerte Spargelgenüsse zaubern. Einer davon ist diese Spargelsuppe.

ENDIVIENSUPPE

Endivien putzen, in feine Streifen schneiden und waschen.
In einem Topf Butter schmelzen, Endivien dazugeben, mit Mehl bestäuben, kurze Zeit andünsten und mit guter Fleischbrühe aufgießen.
Einmal aufkochen lassen, mit etwas Salz, Pfeffer und Muskatnuß abschmecken.
Weißbrotscheiben in wenig Butter rösten.
Die Suppe in Tellern anrichten und je eine Scheibe geröstetes Weißbrot oder Croûtons auflegen.

Im Spätsommer, wenn es den ersten Endiviensalat gibt, muß man erst lange warten. Doch dann ist plötzlich das ganze Beet voll von erntereifen Endivienstauden. Wenn man dann nicht jeden Tag Endiviensalat essen möchte, bietet eine Endiviensuppe eine leckere Alternative. Mit dem Spinat hat man die gleiche Not. Aber neben Blatt- und Rahmspinat ist eine Spinatsuppe durchaus einen Versuch wert.

Schwimmerle für die Hochzeitssuppe

Die Schwimmerle sind bei uns ein wichtiger Bestandteil der fränkischen Hochzeitssuppe. Außerdem gehören noch Leber-, Mark- und Grießklößchen, Flädle und Eierstich hinein. Schwimmerle heißen sie, weil die lockeren Klößchen immer oben auf der Suppe schwimmen. Früher gab es sie auch meist nur sonntags als besondere Suppeneinlage, denn man braucht zum Ausbacken der Klößchen etwas Zeit. Aber die Mühe lohnt sich!

1/8 Liter Wasser
1 Prise Salz
15 g Butter
75 g Mehl
2 Eier
1 Liter Pflanzenfett zum Ausbacken

1 1/4 Liter Fleischbrühe

Wasser, Salz und Butter zum Kochen bringen. Das Mehl dazugeben und so lange rühren, bis sich ein Klumpen bildet.
Vom Feuer nehmen und die Eier nach und nach unterrühren, bis ein geschmeidiger Teig entsteht.
Mit einem Kaffeelöffel kleine Klößchen ins heiße Fett abstechen und diese schwimmend goldbraun ausbacken.
Die Schwimmerle abtropfen lassen und in der heißen Fleischbrühe als Suppe anrichten.

Onkel Gustav

Küfersuppe
Mostsuppe

KÜFERSUPPE
Für 6 Personen:
1½ Liter Fleischbrühe
250 g fein geriebener Käse
¼ Liter Weißwein
Pfeffer
geriebene Muskatnuß
4 Scheiben Weißbrot
4 EL Butter
100 g roher Schinken
2 Zwiebeln

MOSTSUPPE
1 Zwiebel
4 EL Butter
½ Liter Bouillon
½ Liter Most
1 EL Mehl
1 TL Salz
etwas weißer Pfeffer
eine Prise geriebene Muskatnuß
¼ Liter süße Sahne
2 Eigelb
2 Scheiben Weißbrot
1 Prise Zimt

KÜFERSUPPE

Fleischbrühe kochen und Käse hineinrühren. Aufkochen lassen und Weißwein dazugeben. Mit Pfeffer und Muskat abschmecken. Weißbrot in Würfel schneiden und in 2 Eßlöffel Butter goldbraun rösten. Rohen Schinken in feine Streifen und Zwiebeln in dünne Ringe schneiden und in der restlichen Butter ebenfalls goldgelb rösten.
Die Suppe mit den gerösteten Brotwürfeln, mit Schinken und Zwiebeln anrichten.

Wo Wein wächst, da sind Küfer, und wo es Küfer gibt, ist immer „was im Fäßle". Doch Wein ist nicht nur zum Trinken da. Sie werden's uns bestätigen: Wer schon mal so eine schmackhafte Suppe gelöffelt hat, wird nicht zögern, auch beim Kochen ab und an „zur Flasche" zu greifen – und das nicht nur im Küferhaushalt.

MOSTSUPPE

Die Zwiebel schälen und in Würfel schneiden. 1 Eßlöffel Butter in einem Topf schmelzen und die Zwiebel darin glasig braten. Mit der Bouillon und dem Most aufgießen und die Flüssigkeit dann fast bis zur Hälfte einkochen lassen.
1 Eßlöffel Butter mit dem Mehl verkneten und die Suppe unter Rühren mit dem Schneebesen damit binden. Mit Salz, Pfeffer und Muskat abschmecken und die Sahne dazugießen.
Dann die Mostsuppe vom Herd nehmen und die verquirlten Eigelbe einrühren. Die Suppe darf nicht mehr kochen!
Die Weißbrotscheiben würfeln und in Butter goldbraun rösten. Am Schluß mit etwas Zimt bestäuben.
Die Suppe anrichten und die Croûtons aufstreuen.

Die Mostsuppe ist die deftige Schwester der Weincremesuppe – welcher Winzer hat kein Fäßchen Most im Keller?! So ist es für den Winzer ein leichtes, ein so herzhaftes Süppchen zu zaubern.

Linsensuppe mit Mehlspatzen

So lange ich mich erinnern kann, gab es bei uns nach dem Schlachttag Linsensuppe. Die wurde dann aus der Kesselbrühe vom Wurstkochen gemacht und schmeckte deshalb besonders kräftig. In die kochende, fast fertige Suppe wurden meist „Mehlspatzen" eingelegt, als sättigende Beigabe. Da brauchte man zum Mittagessen gar nichts anderes mehr dazu – außer einer Scheibe kräftiges Schwarzbrot.

Für die Suppe:
250 g Linsen
Salz
1 Messerspitze Natron
1 Bund Suppengrün

Für die Spatzen:
500 g Mehl
Salz
2 Eier
1/8 Liter Milch

1 Zwiebel
1 EL Butter
Essig

Für die Suppe: Die Linsen in 1 Liter kaltem Wasser mit Salz, Natron und kleingeschnittenem Suppengrün aufsetzen und etwa 40 Minuten weich kochen lassen.
Für die Spatzen: Alle Zutaten zu einem festen Teig zusammenrühren. Den Teig mit einem Eßlöffel in die kochende Suppe als Spatzen abstechen.
Kleingeschnittene Zwiebel in 1 Eßlöffel Butter anrösten.
Die Suppe vom Herd nehmen, mit einem Schuß Essig und etwas Salz abschmecken und zum Schluß die gerösteten Zwiebeln daraufgeben.

Lauchsuppe
Buttermilchsuppe

LAUCHSUPPE
3 Stangen Lauch (Porree)
2 Zwiebeln
50 g Margarine
1 Liter Fleischbrühe
1 EL Mehl
2 Ecken Schmelzkäse zu je 25 g
100 g gekochter Schinken in Streifen geschnitten
100 ml süße Sahne
1/8 Liter Weißwein
Salz
Zucker

BUTTERMILCHSUPPE
1 1/2 Liter gekühlte Buttermilch
geröstete Würfel von Schwarzbrot
Salz
Pfeffer

LAUCHSUPPE
Gründlich gewaschenen Lauch und geschälte Zwiebeln in 2 mm dicke Streifen schneiden. Beides in Fett glasig dünsten, dann mit Brühe aufgießen und 10 Minuten kochen lassen.
Mehl in 2 Eßlöffel kaltem Wasser anrühren, in die kochende Suppe gießen und aufkochen lassen. Mit dem Schneebesen Schmelzkäse in Flocken einrühren, dann Schinkenstreifen und Sahne dazugeben. Als letztes den Weißwein zugießen und die Suppe mit Salz und Zucker abschmecken.

Im Herbst, wenn die Gärten abgeräumt werden, bleibt in fast jedem Garten ein Beet mit Lauch stehen. Man kann ihn im Garten über den Winter einschlagen oder im Keller einmieten und hat vom Herbst bis zum Frühjahr immer einen Vorrat im Haus. Außer als Gemüse und als Teil des Wurzelwerks für Braten und Suppen macht sich Porree auch immer als schmackhaftes Süpple sehr gut.

BUTTERMILCHSUPPE
Buttermilch in Teller füllen und die gerösteten Schwarzbrotwürfel, die mit Salz und Pfeffer bestreut werden, dazugeben.
Die Zubereitung ist sehr einfach, aber die Suppe ist gut im Geschmack und sehr erfrischend!

Früher blieb in der ländlichen Milchwirtschaft beim Buttern als Rest- oder Nebenprodukt die Buttermilch.
Damals „armer Leuts Essen" – aber sooo gesund und Gott sei Dank wieder neu entdeckt.

Fränkische Gärtnerin

600 g Hochrippe vom Rind
1 ½ Liter Wasser
Salz
Pfeffer
1 Petersilienwurzel
je 200 g grüne Bohnen, gelbe Rüben (Karotten), Kohlrabi, Wirsing und Blumenkohl
1 große Stange Lauch (Porree)
500 g Kartoffeln
100 g durchwachsener Speck
2 Zwiebeln
Streuwürze
1 Prise Zucker
Salz
feingehackte Petersilie

Rindfleisch unter kaltem Wasser abspülen. Wasser in einem großen Topf aufkochen und mit Salz und Pfeffer würzen. Fleisch einlegen, Petersilienwurzel dazugeben und 70 Minuten leicht kochen lassen. In der Zwischenzeit Bohnen, gelbe Rüben, Kohlrabi, Wirsing und Blumenkohl putzen, waschen und in kleine Stücke schneiden bzw. den Blumenkohl in Röschen zerteilen. Lauch waschen und Kartoffeln schälen und beides ebenfalls in Stücke schneiden. Alles zum Fleisch in den Topf geben und noch 30 Minuten kochen.
10 Minuten vor Ende der Garzeit den gewürfelten Speck in einer Pfanne auslassen. Geschälte, fein geschnittene Zwiebeln darin goldgelb braten und zum Eintopf geben.
Mit Streuwürze, Zucker und Salz abschmecken und mit Petersilie bestreut servieren.

Noch bis zum Beginn unseres Jahrhunderts war der Kessel- oder Pfannenflicker ein geschätzter Handwerker, der ausreichend zu tun hatte. Denn zur damaligen Ausstattung eines Haushalts gehörten große Töpfe und Pfannen, die oft Generationen überdauerten.
Aus dieser Zeit sind uns zahlreiche Eintopfrezepte überliefert, die häufig auf dem Speisezettel standen.
Die „fränkische Gärtnerin" hat ihren Namen von den zahlreichen Gemüsesorten, die je nach Jahreszeit im Bauerngarten geerntet werden können.

GARANTIE

FIS

Karpfen gebacken

2 ganze, frisch geschlachtete Karpfen
Saft von 1 Zitrone
Salz
Pfeffer
Mehl
3 Eier
Semmelbrösel (Paniermehl)
Pflanzenfett zum Ausbacken

Die frisch geschlachteten Karpfen gut auswaschen und mit Küchenpapier trockentupfen. Dann die Fische der Länge nach halbieren und mit Zitronensaft abreiben. Den Fisch jetzt mit Salz und Pfeffer würzen und dann nacheinander in Mehl, verschlagenen Eiern und als letztes gut in Semmelbröseln wenden.
Die Karpfenhälften dann gleich schwimmend in heißem Fett in 10 bis 15 Minuten schön knusprig ausbacken. Den fertigen Fisch im Ofen warm halten, bis alle Teile gebacken sind.
Dazu schmecken am besten lauwarmer Kartoffelsalat und Salate aller Art und Farbe.

Er ist einfach ein Muß im Frankenland, der gebackene Karpfen. Er schwimmt zwar bevorzugt in mittelfränkischen Gewässern, aber eine Spezialität kennt keine Grenzen. In der Semmelbrösel-Hülle bleibt der Fisch besonders saftig.

Hechtklössle in Dillrahmsauce

600 g Hechtfleisch ohne Gräten
Salz
weißer Pfeffer
Cayennepfeffer
2 Eiweiße
125 g saure Sahne
1 Liter Wasser

Für die Sauce:
30 g Butter
40 g Mehl
1/4 Liter Hechtklößchenfond
1/4 Liter Weißwein
Salz
Pfeffer
etwas gekörnte Brühe
Saft von 1/2 Zitrone
150–200 g saure Sahne
1 Bund gehackter Dill

Das Hechtfleisch enthäuten, säubern und durch die feine Scheibe des Fleischwolfes drehen. Mit Salz, Pfeffer und Cayennepfeffer würzen und gut mit den Eiweißen verrühren. Nach und nach mit der sauren Sahne zu einem Fischteig verarbeiten.
Wenn das Wasser kocht, Salz dazugeben, mit 2 Eßlöffeln Klöße aus dem Fischteig formen, diese sofort ins Wasser einlegen und bei genügend Hitze in 10 Minuten gar ziehen lassen.
In der Zwischenzeit die Sauce zubereiten. Dafür die Butter zerlassen, das Mehl dazurühren und die helle Mehlschwitze mit dem Fond und dem Weißwein ablöschen. Die Sauce mit den Gewürzen abschmecken, den Zitronensaft und die saure Sahne unterrühren.
Die Klößchen jetzt mit einer Schaumkelle aus dem Wasser nehmen und in eine vorgewärmte Schüssel geben.
Den Dill unter die Sauce rühren und diese über die Hechtklößchen gießen, sofort servieren.

Der Hecht ist ein typischer Raubfisch, der täglich so viel Nahrung braucht, wie sein Körper wiegt. Angler wünschen sich meist einen möglichst großen Hecht an die Angel, Kenner wissen indes, daß ein gerade zweijähriger Hecht von etwa zwei Kilogramm am besten schmeckt.
Das Beste an diesem Gericht: kein Kampf mit den Gräten!

Fischragout

4 Fischfilets à 200 g
Saft von 1 Zitrone
Salz

Für die Sauce:
40 g Butter
50 g Mehl
1/8 Liter heiße Fleischbrühe
1 Tasse Weißwein
Salz
weißer Pfeffer
1 TL scharfer Senf
1/2 Dose Champignons (230 g)
1/8 Liter süße Sahne
1 Bund frische Petersilie

Die Fischfilets mit Zitronensaft beträufeln, 10 Minuten ziehen lassen, salzen und in gleichmäßige Würfel schneiden.
Für die Sauce: Die Butter erhitzen, das Mehl einrühren, so daß eine helle Mehlschwitze entsteht. Diese mit der Fleischbrühe ablöschen und die Sauce unter ständigem Rühren aufkochen. Den Weißwein dazugießen, mit Salz, Pfeffer und Senf abschmecken und die abgetropften Champignons dazugeben. Die Fischwürfel in die Sauce geben und alles etwa 10 Minuten vorsichtig ziehen lassen. Als letztes die Sahne einrühren, kurz erhitzen und die gehackte Petersilie aufstreuen. Mit Salzkartoffeln und frischem Salat servieren.

Ein Fischragout als schnelles Freitagsessen ist immer wieder eine leichtverdauliche Abwechslung auf dem Speiseplan. Man kann hierfür Filets von frischen Forellen, Stückchen vom Waller oder auch vom Aal nehmen und herrlich mit Kräutern und Gewürzen variieren.

Gefüllte Forelle in Rieslingsauce

Neben dem Karpfen findet man in Franken die Forelle immer wieder auf dem Speiseplan. Denn dort gibt es noch zahlreiche Bäche, aus denen Forellen abgefischt werden, der größte Teil wird jedoch gezüchtet. Auch für die Forelle gibt es mehr Zubereitungsarten, als man denkt. Den Fisch immer wieder anders zu servieren, um eine gesunde, leichte und delikate Abwechslung auf unseren Speiseplan zu bringen, ist auch eine reizvolle Aufgabe.

250 g Pilze
1 Zwiebel
1 Bund Petersilie
1 Bund Dill
80–100 g Butter oder Butterschmalz
4 Forellen
Salz
Butter für die Form
1/4 Liter Frankenwein (Riesling)
1/4 Liter süße Sahne

Pilze putzen, waschen und in Scheiben schneiden. Zwiebel würfeln, Petersilie und Dill fein hacken. Alles zusammen in wenig Fett andünsten.
Die Forelle ausnehmen, waschen und trockentupfen. Mit der vorbereiteten Masse füllen, mit Holzstäbchen zustecken und salzen.
Eine feuerfeste Form ausbuttern und die Forelle hineinlegen. Den Rest der Fülle darüber verteilen. Alles mit dem Frankenwein übergießen und etwa 20 bis 30 Minuten bei 200 °C im Backofen garen.
Zum Schluß noch die Sahne darübergießen und mit Petersilienkartoffeln servieren.

Gemüse, Salate und Beilagen

Spargel mit fränkischen Bratwürsten

2 kg echter fränkischer Stangenspargel
etwa 3 Liter Wasser
1 TL Zucker
2 TL Salz
50 g Butter
1 EL Zitronensaft
1 kg Kartoffeln
4 Paar fränkische Bratwürste
50 g Butterschmalz
200 g Butter

Den Spargel schälen und die holzigen Enden abschneiden.
Wasser in einem großen Topf aufsetzen, Zucker, Salz, Butter und Zitronensaft dazugeben. Wenn es kocht, den Spargel einlegen und etwa 15 bis 20 Minuten ziehen lassen.
In der Zwischenzeit die Kartoffeln schälen und weich kochen, die Bratwürste abbrühen und in dem Butterschmalz schön braun braten. Die Butter bei kleiner Hitze schmelzen.
Den Spargel, wenn er fertig ist, aus dem Topf nehmen, abtropfen lassen und zusammen mit den Bratwürsten, der Butter und den Kartoffeln sofort servieren.

Der fränkische Spargel ist eine Delikatesse, die über die Grenzen bekannt ist. Das Maintal mit seiner Vielfalt an Bodenarten liefert besonders schmackhaften Spargel, und im Frankenland serviert man gerne dazu die original fränkische Bratwurst. Ein herrliches Paar!

Spargelsalat

Dieses Gericht eignet sich für eine Frühjahrskur, zum Entwässern oder einfach nur so als leichte Köstlichkeit.

2 kg Spargel
reichlich Salzwasser
(etwa 3 Liter)

Für die Marinade:
Salz
Pfeffer
etwas Zucker
½ Tasse Estragonessig
2 Tassen Spargelbrühe
1 Bund frischer Schnittlauch
4 EL Speiseöl

Tip:
Für den fränkischen Spargelsalat kaufen Sie Spargel der Handelsklasse A. Seine Köpfe müssen fest und geschlossen sein.

Den Spargel vom Kopf zum Schnittende hin schälen, vorsichtig, aber gründlich, denn holzige Reste oder Enden am Spargel können das ganze Eßvergnügen verderben. Das Schnittende abschneiden.
Den geschälten Spargel etwa 15 bis 20 Minuten im Salzwasser kochen.
In der Zwischenzeit eine Marinade aus allen Zutaten außer Schnittlauch und Öl zubereiten, alles gründlich verrühren.
Dann den Spargel mit einer Schaumkelle herausnehmen und heiß in die Marinade legen. Etwa 2 Stunden durchziehen lassen und erst zum Schluß den geschnittenen Schnittlauch und das Öl auf den Salat geben.

ERZEUGERABFÜLLUNG FÜRSTLICH
1992
Casteller Herrenberg
Silvaner
Qualitätswein
trocken
750

Kümmerlesgemüs
Rauchfleischdotschen

KÜMMERLESGEMÜS
2 Gartengurken (Kümmerle) zu je etwa 200 g
3 Tomaten
1 Zwiebel
80–100 g Butterschmalz
Salz
Pfeffer
Paprika
Essig
2 EL süße Sahne

DOTSCHEN
1 Dotschen (Steckrübe) von 600–700 g
500 g Rauchfleisch
2 EL Butter
3–4 EL Mehl
Salz
Pfeffer
gekörnte Brühe

KÜMMERLESGEMÜS
Kümmerle schälen, halbieren und die Kerne mit einem Eßlöffel herausschaben. Dann in ½ cm dicke Streifen schneiden. Tomaten abbrühen, schälen, entkernen und vierteln.
Die gewürfelte Zwiebel im Fett glasig dünsten, Kümmerle und Tomaten dazugeben und leicht andünsten lassen. 10 Minuten dünsten und mit Salz, Pfeffer, Paprika und Essig abschmecken. Zum Schluß mit der Sahne verfeinern.

Das Maintal ist bekannt als großes Anbaugebiet für Obst und Gemüse. Ein ganz vielseitiges und heimisches Gemüse ist das Kümmerle – als Gemüse, Salat, Suppe, süß-sauer, auf jeden Fall immer herzhaft.

DOTSCHEN
Die Dotschen waschen, schälen und in Würfel schneiden.
Wasser zum Kochen bringen, die Dotschen hineingeben, kurz aufkochen lassen. Dann das Wasser wegen des starken Kohlgeschmacks abgießen. Das Gemüse erneut mit Wasser aufsetzen, das Rauchfleisch dazulegen und etwa 1 Stunde zusammen kochen lassen.
Eine helle Mehlschwitze aus Butter und Mehl bereiten, mit ½ Liter Kochwasser ablöschen und die Kohlrüben dann wieder in die sämige Sauce geben. Das Gemüse mit Salz, Pfeffer und gekörnter Brühe abschmecken und das Rauchfleisch dazu servieren.

Die Erdkohlrabi, auch Steckrübe, gelbe Kohlrübe oder Dotschen genannt, wird begleitet von einem schlechten Ruf, der nicht nur aus alter Zeit stammt, sondern auch vergangenen Zeiten angehört. Denn Dotschen waren halt mal „armer Leuts Essen“! Im Fränkischen ist eine Dotschen eine nicht sehr schmeichelhafte Bezeichnung für eine Frau. Heute ist das gesunde und nahrhafte Gemüse wieder recht häufig zu finden.

Kartoffelauflauf

100 g durchwachsener Speck
1 Zwiebel
50 g Butter
1 kg festkochende Kartoffeln
1 Stange Lauch (Porree)
1/4 Liter süße Sahne
Salz
Pfeffer
100 g geriebener Käse

Den Speck und die Zwiebel in Würfel schneiden, die Butter erhitzen und beides darin schön knusprig braun braten. Dann den Boden einer Auflaufform damit bedecken.

Die Kartoffeln waschen, schälen, in dünne Scheiben schneiden und schichtartig in die Auflaufform setzen, nicht höher als 4 cm. Den Lauch waschen, in Ringe schneiden und über den Kartoffeln verteilen.

Die Sahne mit Salz und Pfeffer würzen und gleichmäßig darübergießen. Jetzt einen Deckel auf die Auflaufform geben und das Ganze bei 200 °C für 30 Minuten in den vorgeheizten Backofen schieben. Dann den Deckel abnehmen, den Auflauf mit Käse bestreuen und in weiteren 15 bis 20 Minuten bei 250 °C schön braun überbacken.

Die Kartoffel wird nicht umsonst die „dolle Knolle“ genannt, weil sie so vielfach zu verwenden ist. Gesund, nahrhaft, variabel! Man könnte an sechs Tagen hintereinander ein Gericht mit Kartoffeln zubereiten, ohne das Gefühl zu haben, man hätte zweimal das gleiche gegessen. Kartoffeln gibt es überall – aber auch hier tragen manche fränkischen Böden zur Geschmacksverbesserung bei.

BAUCHSTECHERLE
LÖFFELSPATZEN

BAUCHSTECHERLE
700 g Kartoffeln
2 EL Mehl
2 EL Grieß
6 EL Milch
Salz
Pfeffer
Schmalz zum Braten

LÖFFELSPATZEN
1 Weck (Semmel, Brötchen)
30 g Butter
2–3 Eier
gut 1/4 Liter Milch
1 TL Salz
500 g Mehl
Salzwasser zum Kochen

BAUCHSTECHERLE
Die Kartoffeln waschen und in der Schale weich kochen. Dann schälen und kalt werden lassen.
Nun reibt man die Kartoffeln auf einer groben Reibe, gibt Mehl, Grieß und Milch dazu. Den Teig mit Salz und Pfeffer würzen.
Daraus jetzt kleine, ovale Puffer – etwa 1/2 cm dick – formen.
Diese werden dann in heißem Schmalz in der Pfanne auf beiden Seiten braun gebraten.
Bauchstecherle passen gut zu Schmorbraten oder auch zu süßem Kompott.

Die Bauchstecherle oder Kartoffelnudeln haben eigentlich nichts Stechendes an sich. Bestechend sind höchstens die Verwendungsmöglichkeiten – ob süß oder herzhaft, sie schmecken immer gut.

LÖFFELSPATZEN
Den Weck in kleine Würfel schneiden, in der Butter schön braun rösten und wieder erkalten lassen.
Aus den Eiern, der Milch, dem Salz und dem Mehl einen schweren Teig rühren und diesen gut durchschlagen. Dann die angerösteten Brotwürfel untermischen.
Wenn das Salzwasser kocht, sticht man mit 2 Eßlöffeln die Spatzen ab und läßt sie im Topf etwa 5 Minuten durchziehen, bis sie gut aufgequollen sind.
Dann werden die Löffelspatzen in ein Sieb abgeschüttet und serviert.
Sie schmecken besonders gut zu Gulasch.

Löffelspatzen oder Mehlspatzen gab's früher oft auch als fleischloses Essen. Man reichte dann entweder einen grünen Salat, Gurkensalat oder auch manchmal Kompott dazu. Dafür wurden die fertigen Spatzen in heißer Butter noch schön braun angebraten. In jedem Fall ein sättigendes Gericht, was bei den handfesten Arbeiten damals auch nötig war. Wir können die Spatzen mit Salat natürlich auch heute allen empfehlen, die nicht jeden Tag Fleisch mögen.

Fränkische Klösse

KLÖSSE AUS GEKOCHTEN KARTOFFELN
Ergibt 4–6 Klöße
750 g Kartoffeln
Salz
geriebene Muskatnuß
1/8 Liter kochendheiße Milch
200 g Kartoffelmehl
3 Scheiben Weißbrot
2 EL Butter

ROHE KLÖSSE
Ergibt 8–12 Klöße
1 1/2 kg Kartoffeln, mehlig kochend
500 g gekochte Kartoffeln
Salz
1/4 Liter kochendheiße Milch
5 Scheiben Weißbrot
3 El Butter
Speisestärke nach Bedarf

Tip:
Man kann die Klöße auch ausschließlich aus rohen Kartoffeln machen, dann nimmt man 2 1/2 Kilo dazu. Das ist aber einiges schwieriger, weil die Klöße noch empfindlicher sind.

KLÖSSE AUS GEKOCHTEN KARTOFFELN
Die Kartoffeln waschen und weich kochen, dann schälen und noch heiß durch die Kartoffelpresse drücken. Die Kartoffeln salzen, etwas Muskat dazu – und die heiße Milch darübergeben.
Leicht abkühlen lassen und mit dem Kartoffelmehl zu einem glatten Teig kneten.
Das Weißbrot in Würfel schneiden und in der Butter goldbraun rösten. Aus dem Teig Klöße formen und in die Mitte 2 bis 3 geröstete Brotstücke drücken. Die Klöße in kochendes Salzwasser einlegen und 20 Minuten gar ziehen lassen.

Was wäre ein fränkischer Schweinebraten bloß ohne Klöße, eine Gans ohne „Knidla“? Erst zusammen ist beides ein echtes fränkisches Essen, und wenn man dem Franken seine geliebten Klöß abspenstig machen wollte, bekäme man sicherlich großen Ärger.
Je nachdem, ob und wieviel gekochte Kartoffeln zu den rohen kommen, entsteht die fränkische Klößepalette. Allen Kloßvarianten aber gemeinsam sind die Weckbröckeli, sie halten immer alles zusammen.

ROHE KLÖSSE
Rohe Kartoffeln schälen und fein reiben, in einem Leinensäckchen fest auspressen. Die Flüssigkeit auffangen und die Stärke absetzen lassen.
Die gekochten Kartoffeln ebenfalls schälen, durch eine Presse drücken und zu den geriebenen Kartoffeln geben. Die Kartoffeln salzen, die abgesetzte Stärke dazugeben und mit der heißen Milch übergießen. Das Ganze zu einem glatten Teig verarbeiten. Das Weißbrot in Würfel schneiden und in der Butter goldbraun rösten. Aus dem Teig mit nassen Händen Klöße formen und in die Mitte jeweils einige geröstete Brotwürfelchen geben. Einen Probekloß kochen und den Teig bei Bedarf noch mit etwas Speisestärke binden.
Die Klöße in leicht kochendem Salzwasser etwa 20 Minuten gar ziehen lassen, dabei den Deckel nur halb auflegen.

Kartoffelgemüse Rote-Rüben-Salat

KARTOFFELGEMÜSE
8 mittelgroße Kartoffeln
2 EL Fett
1 Zwiebel
3 EL Mehl
1/4 Liter Wasser
Essig
Salz
Pfeffer
geriebene Muskatnuß
gehackte Petersilie
2 EL saure Sahne

2 Paar Leberwürste
2 Paar Knäudele
(Fränkische Blutwürste)
1–2 EL Fett zum Braten

ROTE-RÜBEN-SALAT
3 mittelgroße rote Rüben
(rote Bete)
1/4 Liter Wasser
4–5 EL Weinessig
2 TL Zucker
1 TL Salz
etwas Pfeffer
1 TL Senf
1 TL Anis
3 EL Salatöl
1 Zwiebel
1 EL gehackte Petersilie

KARTOFFELGEMÜSE

Die Kartoffeln waschen und mit der Schale kochen. Dann schälen und in Scheiben schneiden.
Das Fett erhitzen und die in kleine Würfel geschnittene Zwiebel darin glasig dünsten. Mit Mehl bestäuben und kurz rösten lassen. Mit Wasser aufgießen, einen Schuß Essig dazugeben und mit Salz, Pfeffer und Muskat abschmecken.
In die sämige Sauce die Kartoffelscheiben geben, vorsichtig durchrühren, am Schluß mit gehackter Petersilie bestreuen und saure Sahne daraufgeben. Inzwischen die Leberwürste und Knäudele in heißem Fett schön braun braten und zum Kartoffelgemüse anrichten.

Dieses Gericht ist typisch fränkisch deftig und seit Generationen überliefert. Es bringt eine besondere Note in den Speiseplan. Den letzten Schliff bekommt das Essen, wenn man dazu knackige Essiggurken ißt – oder einen selbstgemachten Rote-Rüben-Salat auftischt.

ROTE-RÜBEN-SALAT

Die roten Rüben waschen und mit etwas Wasser im Topf in etwa 25 bis 30 Minuten weich kochen.
In der Zwischenzeit aus Wasser, Essig, Zucker, Salz, Pfeffer, Senf, Anis und Salatöl eine Marinade herstellen. Die Zwiebel in Würfel schneiden und zusammen mit der kleingehackten Petersilie dazugeben.
Die Rüben in kaltem Wasser kurz abschrecken und dünn abschälen. Die noch warmen Rüben in dünne Scheiben schneiden und sofort in die Marinade einlegen. Den Salat mindestens 1 Stunde durchziehen lassen.

Die roten Rüben haben einen etwas erdigen Geschmack und geben, gut durchgezogen, einen köstlichen Salat ab, der besonders in Franken gerne zu Kartoffelgemüse gegessen wird. Heute gibt es rote Bete in Konserven, aber selbstgemacht ist der Salat, trotz der roten Hände, ein unvergleichlicher Genuß!

Schafmäuli-Sellerie-Salat

Der Salat mit den vielen Namen – Schafmäuli, Ackersalat, Rapunzel oder Feldsalat – ist heute überall zu kaufen. Früher war das anders, da hat man zu Winterbeginn am Feldrand die begehrten Pflänzchen gestochen, bis die Finger kalt und klamm waren. Auf dem Feld steht er nicht in Reih' und Glied. Oft mußte man richtig suchen, bis man wieder eine kleine Staude fand – aber dann folgte bald ein redlich verdienter Genuß.

200 g Schafmäuli (Feldsalat)
½ Sellerieknolle
1 mittelgroßer Apfel
Saft von 1 Zitrone
1 TL Kräutersalz
2 TL Zucker
etwas Pfeffer
1 EL Senf
3 EL Weinessig
⅛ Liter Wasser
1 kleine Zwiebel

Den Feldsalat putzen, gründlich waschen und abtropfen lassen. Den Sellerie und den Apfel schälen, auf der Rohkostreibe fein reiben und sofort in Zitronensaft einlegen, damit sie nicht braun werden.
Aus Kräutersalz, Zucker, Pfeffer, Senf, Essig, Wasser und der kleingeschnittenen Zwiebel eine pikante Marinade herstellen.
Zuerst das Sellerie-Apfel-Gemisch in die Marinade geben, dann den Feldsalat dazu, alles vorsichtig mischen und servieren.

Fleisch, Wild und Geflüg

Schweinelendchen im Brotteig

400 g Brotteig
1 Schweinelendchen von etwa 400–500 g
je 1 Messerspitze schwarzer Pfeffer und getrockneter Thymian
2 EL Öl
500 g Weißkraut
1 große Zwiebel
50 g durchwachsener Speck
1/4 TL Salz
1/4 TL Pfeffer
1 TL gekörnte Brühe
1–2 TL Kümmel
etwas Mehl zum Verarbeiten
1 Ei zum Bestreichen

Tip:
Brotteig rechtzeitig beim Bäcker bestellen.

Das Schweinelendchen waschen, putzen, mit Pfeffer und Thymian einreiben und in 1 Eßlöffel Öl von allen Seiten gut anbraten, dann abkühlen lassen.
Das Weißkraut putzen, in Streifen schneiden. Die Zwiebel schälen und fein hacken, den Speck würfeln und im restlichen Öl knusprig braun braten. Zwiebeln und Weißkraut dazugeben und bei schwacher Hitze einige Minuten dünsten. Dann mit Salz, Pfeffer, gekörnter Brühe und Kümmel würzen. Den Backofen auf 200 °C vorheizen.
Den Teig auf einer bemehlten Fläche zu einem Rechteck ausrollen, das gut abgetropfte Weißkraut darauf verteilen, das Schweinelendchen darauflegen.

Die Teigränder mit verquirltem Eiweiß bestreichen, über der Füllung zusammenschlagen und festdrücken. Etwa 40 Minuten auf der unteren Schiene backen.

Die Lendchen im Brotteig sind eine neuzeitliche Abwandlung des früheren Brotteigschinkens, den es immer dann gab, wenn alle vier Wochen Brot im Backhaus gebacken wurde. Wenn die Brotlaibe zum Backen fertig waren, hat man in den letzten Rest Brotteig gern ein Stück Bauernschinken eingewickelt, dies dann gebacken und im Anschluß an die anstrengende Arbeit miteinander gegessen.

Schweinebraten am Knochen

1 kg Schweinekamm mit Knochen
5 Knoblauchzehen
Salz
Pfeffer
2 EL Senf
100 g Fett zum Braten
1 Karotte
1 Stück Sellerie
½ Stange Lauch (Porree)
1 Zwiebel
1 Schwarzbrotkipfle (Rinde)
¼ Liter Weißwein
¼ Liter Wasser

Den Schweinekamm waschen und trockentupfen. Die Knoblauchzehen schälen und vierteln und den Braten ringsherum damit spicken. Danach das Fleisch mit Salz und Pfeffer würzen und mit Senf einreiben.
Den Braten im heißen Fett von allen Seiten schön braun anbraten. Das geputzte Gemüse, die in Stücke geschnittene Zwiebel und die gewürfelte Brotrinde kurz mitbraten. Jetzt den Wein und das Wasser angießen, den Bräter abdecken und den Braten etwa 1 Stunde schmoren lassen. Danach das Fleisch herausnehmen und im vorgeheizten Backofen bei 200 °C in nochmals 20 Minuten schön bräunen. In der Zwischenzeit die Sauce passieren und abschmecken.
Der Braten schmeckt am besten mit fränkischen Kartoffelklößen und Blaukraut.

Der Kammbraten mit Knochen ist eines der saftigsten Stücke überhaupt und wenn er dann noch mit Knoblauch oder auch Zwiebelstückchen gespickt ist, schmeckt er besonders raffiniert. Die rohen Klöße – sie heißen so, weil sie aus rohen Kartoffeln hergestellt werden – sind neben der Bratwurst ein fränkisches Muß. Eigentlich sind sie eine ganz einfache Beilage – aber nur eigentlich, wenn ich an meine Kindheit zurückdenke. Da war es selbstverständlich, zum Sonntagsbraten gab es rohe Klöße, so sicher wie das Amen in der Kirche. Und bereits vor dem sonntäglichen Kirchgang mußte man sich um sie kümmern. Kartoffeln schälen, das ging ja noch . . . aber dann das Reiben! Viele abgeriebene „Fingerknöppele“ waren fällig für diese köstliche Beilage. Schnell mußte es gehen, damit die geriebene Masse nicht rötlich wurde. Dann fest auspressen – ein Kraftakt! Aufpassen, daß die Bröckeli nicht zu dunkel werden in der Pfanne. Flott den Teig formen – und ab ins sprudelnde Wasser!
Aber dann ein wohlverdienter Genuß. – Ach, wie leicht hat man's dagegen heute! Es gibt die Masse ja vorgefertigt, nur die Spannung und der Stolz, wenn die Selbstgemachten gelungen sind, die fehlen.

Ochsenfleisch mit Kren

80 g Schmalz
½ Zwiebel
1 Knoblauchzehe nach Belieben
1 Tomate
1 Bund Suppengrün
1 kg Ochsenfleisch (am besten Bugblatt oder Tafelspitz)
je 1 Prise Pfeffer und Salz

Für die Krensauce (Meerrettichsauce):
1 Stange frischer Meerrettich
50 g Butterschmalz
3 EL Semmelbrösel (Paniermehl)
¼ Liter Fleischbrühe
je 1 TL Salz und Zucker
1 Eiweiß nach Belieben

Das Schmalz im Topf erhitzen, die kleingeschnittene Zwiebel, eventuell auch den zerdrückten Knoblauch, die geviertelte Tomate und das kleingehackte Suppengemüse dazugeben und anbräunen.
Das Fleisch pfeffern und salzen und von beiden Seiten im Topf kurz anschmoren lassen. Nun mit Wasser auffüllen, so daß das Fleisch eben bedeckt ist, 1½ bis 2 Stunden sieden lassen.
Gegen Ende der Garzeit die Meerrettichsauce bereiten: Den Meerrettich sorgfältig putzen und fein reiben. Das Butterschmalz in einem Topf erhitzen und den Meerrettich darin anrösten. Die Semmelbrösel zugeben und kurz mitrösten, dann mit der Fleischbrühe aufgießen, gut durchrühren und mit Salz und Zucker abschmecken. Die Sauce 15 bis 20 Minuten leicht kochen lassen, nochmals abschmecken und servieren.
Nach spätestens 2 Stunden Garzeit das Fleisch herausnehmen und in fingerdicke Scheiben schneiden. Die Scheiben in vorgewärmten Tellern – das Gericht muß unbedingt heiß gegessen werden – anrichten, etwas Brühe darübergießen und mit Krensauce umgeben. – Ganz original ist es, ein Eiweiß zu steifem Schnee zu schlagen und oben auf die Krensauce zu setzen.

Zu diesem Gericht, das in ganz Süddeutschland beliebt ist, gehört unbedingt die berühmte Meerrettich- oder Krensauce. Man sagt, daß der beste Meerrettich im Forchheimer und Höchstadter Gebiet wächst. Doch auch aus anderen Regionen ist er nicht zu verachten, die Hauptsache ist, man bekommt ihn frisch und achtet darauf, daß er keine holzige Wurzel hat. Besonders fränkisch sind als Beilage breite Nudeln. Unser Rezept ist oft einer von vielen Gängen beim Hochzeitsmenü.

Herzragout

500 g Rinderherz
Salz
1 Bund Suppengrün
4–6 Zwiebeln
40 g Bratfett
40 g Mehl
3/8 Liter Fleischbrühe
Curry
1 Glas Rotwein
1/8 Liter süße Sahne
Schnittlauch
Petersilie

Herz in kochendes Salzwasser geben; nach 1 1/2 Stunden Kochzeit Suppengrün zugeben und fertiggaren. Zwiebeln würfeln und in heißem Fett glasig dünsten, dann mit Mehl abstäuben und unter Rühren goldbraun rösten lassen.
Mit der Brühe unter Rühren aufgießen, durchkochen lassen und die Sauce mit Salz, Curry, Rotwein und Sahne abschmecken.
Das gekochte Rinderherz in Würfel schneiden und in die Sauce geben. Am Schluß mit gehackter Petersilie und Schnittlauchröllchen bestreuen.
Dazu schmecken Semmelklöße und Salat.

Eigentlich sollte man nach heutigen Ernährungsempfehlungen fast keine Innereien essen. – Nun, das hat die Natur recht gut gelöst, denn jedes kleine bis große Tier hat nur ein Herz usw. Man kann also fast nicht übertreiben, und ab und zu ist was „Herzhaftes“ wieder einmal richtig gut!

Feiner
fränkischer
Tresterbrand
aus eigener Brennerei
42% Vol.

Eingemachtes Kalbfleisch

1 kg Kalbsbrust
1 Zwiebel
2 Nelken
1 Lorbeerblatt
1 EL Essig
½ Liter Weißwein
½ Liter Wasser
Salz

Für die Sauce:
50 g Butter
50 g Mehl
½ Liter Kochbrühe
⅛ Liter Weißwein
1 Eigelb
3 EL süße Sahne
Saft von ½ Zitrone
½ Bund gehackte Petersilie

Das Kalbfleisch in gleich große Würfel von etwa 2 Zentimetern schneiden. Die Zwiebel vierteln, mit den Nelken, mit Lorbeerblatt, Essig und Weißwein mischen und das Fleisch darin über Nacht durchziehen lassen. Dann erst das Wasser und das Salz dazugeben, erhitzen und das Fleisch in dieser Marinade in etwa 30 Minuten weich kochen.
Für die Sauce: Die Butter erhitzen, das Mehl einrühren und die helle Mehlschwitze mit der Kochbrühe ablöschen. Aufkochen lassen und den Weißwein dazugießen. Jetzt die abgetropften Fleischwürfel in die Sauce geben, und alles zusammen noch etwa 10 Minuten leicht durchkochen.
Eigelb mit süßer Sahne und Zitronensaft verrühren und die Sauce am Schluß damit binden. Sie darf dann nicht mehr kochen!
Vor dem Servieren die gehackte Petersilie aufstreuen.
Dazu passen am besten selbstgemachte Nudeln.

Dieses Gericht hat seinen Namen nicht vom herkömmlichen Wort „einmachen“. In diesem Fall bedeutet „einmachen“ das Marinieren des Kalbfleisches über Nacht, damit es besonders zart wird und den für dieses Gericht typischen säuerlichen Geschmack erhält.

Surhaxe

Beim Anrichten das Gemüse über die aufgeschnittene Haxe streuen, dazu passen Petersilienkartoffeln.

Gebraten in Variation ist die Kalbshaxe recht bekannt, aber in einem würzigen Sud weitaus weniger. Dabei ist sie bei dieser Zubereitungsart besonders bekömmlich und – mit frischem Brot dazu – ein herrliches Sommeressen.

1 Hinterhaxe vom Kalb
2–3 EL Butterschmalz
1 Lorbeerblatt
5 Pfefferkörner
1 TL Salz
1/8 Liter Essig
2 Karotten
1 kleine Sellerieknolle
1 Stange Lauch (Porree)

Die Kalbshaxe abwaschen, trockentupfen und dann im Butterschmalz von allen Seiten anbraten. In einem großen Topf Wasser aufsetzen und Lorbeerblatt, Pfefferkörner, Salz, Essig und die Hälfte des kleingeschnittenen Gemüses dazugeben.
In den kochenden Fond die Kalbshaxe einlegen und etwa 40 Minuten köcheln lassen. In der Zwischenzeit das restliche Gemüse in feine Streifen schneiden.
Wenn die Haxe fertig ist, den Sud durch ein Sieb in einen anderen Topf gießen, die Haxe wieder einlegen. Nun die Gemüsestreifen dazugeben und das Ganze weitere 20 bis 30 Minuten kochen lassen, bis die Surhaxe gar ist.

GEBACKENES ZICKLEIN ODER OSTERLAMM

Die Ziege war in alten Zeiten die „Kuh des kleinen Mannes". Man aß ihr Fleisch, trank ihre Milch oder machte Käse daraus. Aus dem Fell fertigte man Decken, die Haut wurde zu Schläuchen für Wasser und Wein verarbeitet. Lange Zeit war vieles davon vergessen, bis auf den bei Kennern geschätzten Ziegenkäse. Aber Zicklein und Lämmer erleben wegen ihrer natürlichen und gesunden Aufzucht auf unserem Speisezettel eine Renaissance und mit ihr viele vergessene Rezepte.

Für den Teig:
150 g Mehl
knapp 1/4 Liter Bier
1 EL Öl
1 Prise Salz

Für den Sud:
Salzwasser
1 mit Nelken gespickte Zwiebel
1 Karotte
1 Zitronenscheibe
1 Stück Lauch (Porree)

1,5 kg junges Ziegen- oder Lammfleisch (Schulter, Hals, Brust)

2 Eiweiß
genügend Fett zum Ausbacken

Zwei Stunden bevor Sud und Fleisch bereitet werden, Mehl, Bier, Öl und Salz zu einem glatten Teig verrühren.
Dann alle Zutaten für den Sud ins Salzwasser geben und 20 Minuten kochen lassen. Die recht groß geschnittenen Fleischstücke 15 bis 20 Minuten darin ziehen lassen, dann herausnehmen und auf ein Sieb zum Abtrocknen geben.
Kurz vor dem Garwerden des Fleisches das steifgeschlagene Eiweiß unter den Teig ziehen.
Die noch warmen Fleischstücke in den Teig tauchen und im heißen Fett schwimmend goldgelb ausbacken.
Dazu reicht man Kartoffelsalat und Salate der Jahreszeit.

Weisse
Weisse

Wildschweinröllchen mit Trauben

Für die Wildschweinsauce:
500 g Rückenknochen vom Wildschwein
1 Bund Wurzelgemüse
2 kleine Zwiebeln
100 g Speck
3 EL Mehl
1/4 Liter Rotwein
1/2 Liter Wasser
Salz
Pfeffer

Für das Fleisch:
600 g Wildschweinkeule in dünne Scheiben geschnitten
Thymian
Salz
Pfeffer
100 g Speck
1 Bund Wurzelgemüse
50 ml Portwein
1/2 Liter Wildschweinsauce aus den Rückenknochen
1 TL Kakaopulver
60 ml englischer Gin

je 15 blaue und weiße Trauben
20 g Butter
60 g gehobelte Mandeln

Die Wildschweinsauce wird als erstes bereitet, und man legt gleich einen kleinen Vorrat an: Knochen kleinhacken, Wurzelgemüse putzen und in Stücke schneiden. Zwiebeln schälen und kleinschneiden. Den Speck in Stücke schneiden, in einem heißen Topf auslassen, die Wildknochen darin gut anbraten. Die Zwiebeln und das Wurzelgemüse dazugeben, etwas mitrösten. Dann mit dem Mehl bestäuben, mit dem Rotwein ablöschen. Die Sauce reduzieren, nach und nach mit 1/2 Liter Wasser auffüllen, mit Salz und Pfeffer abschmecken. Die Wildsauce gut durchkochen lassen, durch ein Sieb gießen, für unser Rezept 1/2 Liter verwenden.
Für das Fleisch: Die Fleischscheiben mit Thymian, Salz und Pfeffer würzen, eng aufrollen und mit einem Faden zusammenbinden. Von beiden Seiten gut anbraten. Danach den kleingeschnittenen Speck und das zerkleinerte Wurzelgemüse in der Pfanne mit anrösten. Mit dem Portwein ablöschen und die Wildschweinsauce dazugeben. Die Röllchen herausnehmen und im Ofen warm halten. Die Sauce nun 1/2 Stunde kochen lassen, durch ein Sieb gießen und mit Kakao, Salz, Pfeffer und dem Gin abschmecken.

Die Trauben halbieren, entkernen und in Butter langsam anschwitzen. Die Mandeln ohne Fett in einer Pfanne unter Rühren leicht anbräunen.
Jetzt die Röllchen aus dem Ofen nehmen, mit etwas Sauce übergießen, die Trauben daraufgeben und mit den Mandelblättchen bestreuen.
Dazu passen sehr gut Kartoffelkroketten.

Eugen Roth hat unser aller Verhältnis zum wehrhaften, hochintelligenten Schwarzkittel überspitzt ausgedrückt:

„Bedeckt mit Schmutz und groben Borsten
Haust unser Wildschwein in den Forsten,
Weil's, statt zu gehen in die Schule,
Nur dumm und faul liegt in der Suhle,
Räumt man dem armen, wilden Schwein,
Auf Erden keine Schonzeit ein."

In der Tat ist die Sau ein Wild, das wenn auch nicht ganzjährig, so doch intensiv gejagt wird. Es steht damit auch der Küche zur Verfügung – und inspiriert zu vielen Rezepten.

42 vol.%

Has im Topf

Der Has im Topf ist sehr schmackhaft vom Wildhasen – aber ein Stallhase tut es auch. Wenn Sie Gäste einladen, ist es immer ein besonderer Effekt, den Topf auf den Tisch zu stellen und die Teigkruste zu entfernen. Dann kommt der ganze Duft des Gerichts voll zur Geltung.

1 bratfertiger Hase
3 Zwiebeln
500 g Schweinebauch
250 g geriebenes Schwarzbrot
Salz
Pfeffer
etwas Thymian
1 Prise gemahlene Nelken
3 Wacholderbeeren
1 Lorbeerblatt
¾ Liter fränkischer Rotwein
etwas Brotteig zum Verschließen des Topfes

Den Hasen in Portionen teilen. Die Zwiebeln in Würfel und den Schweinebauch in dünne Streifen schneiden. Eine Tonform gut wässern und die Brotbrösel hineinstreuen. Darauf eine Schicht Schweinebauchstreifen legen, diese mit Hasenstücken bedecken und mit etwas Salz, Pfeffer, Nelken, Wacholderbeeren und dem Lorbeerblatt gut würzen. So die Form Schicht für Schicht füllen und dann mit Rotwein angießen. Man kann nach Belieben den Rotwein auch mit frischem Hasenblut mischen. Jetzt die Form mit Brotteig schließen und das Gericht im Backofen bei 220 °C in 40 bis 50 Minuten garen. Danach mit der Form auf den Tisch stellen.

Rehkeule mit Preiselbeer-Senfsauce

1 bratfertige Rehkeule
1 TL Salz
etwas Pfeffer
80–100 g Bratfett
50 g Speck
etwas Brotrinde
1/4 Liter Fleischbrühe
1/4 Liter Rotwein
1 Zwiebel
5 Wacholderbeeren
2 Nelken
10 Pfefferkörner
1 Lorbeerblatt

Für die Sauce:
200 g Wildpreiselbeeren aus dem Glas
1 EL Zitronensaft
100 g mittelscharfer Senf

Das gut abgehangene Fleisch abwaschen und trockentupfen.
Die Keule mit Salz und Pfeffer einreiben und im heißen Fett von allen Seiten gut anbraten. Dabei den kleingeschnittenen Speck und die Brotrinde mitbraten.
Jetzt die Fleischbrühe und den Rotwein angießen, die Gewürze und die grob geschnittene Zwiebel dazugeben.
Das Fleisch im vorgeheizten Backofen im Bräter etwa 1 1/2 Stunden schmoren lassen und dabei öfters drehen.
Für die Sauce: Die Zutaten gut miteinander verrühren.
Wenn die Rehkeule fertig ist, diese herausnehmen, aufschneiden und mit der Sauce sowie mit Kartoffelkroketten oder Spätzle, mit Kopfsalat oder Feldsalat, Selleriesalat und Nüssen servieren.

Die Rehkeule ist die bescheidene Schwester des Rehrückens, aber sie hat auch einiges zu bieten: geschmackvolles, bekömmliches Fleisch, fast ohne Fett.

Wachteln in Weinblättern

Ein kleiner Vogel – ein großer Genuß!

„Als ich ein Kind war, zahlte wenig
für solch ein Paar man: vierzig Pfennig“.

Nun, die Zeiten sind vorbei. Geblieben ist eine seltene Köstlichkeit, die halt viel Arbeit macht: Die Vögel fangen, rupfen, ausnehmen und dann auch noch richtig braten können ist eine Kunst! Im Weinland Franken gibt's als „I-Tüpferl“ Weinblätter dazu.

8 küchenfertige Wachteln oder Täubchen
Salz
Pfeffer
8 Scheiben fetter Speck
8 Weinblätter
2 EL Öl
80 ml Brombeerlikör
200 g frische Waldbrombeeren
1/8 Liter Rotwein
1/8 Liter Wasser
1/4 Liter süße Sahne

Die trockengetupften Wachteln salzen, pfeffern und mit den Speckscheiben samt Weinblättern umwickeln.
Das Öl erhitzen und die vorbereiteten Wachteln nacheinander von allen Seiten zunächst gut anbraten und dann im Ofen 10 bis 15 Minuten braten lassen.
Jetzt den Brombeerlikör und die Beeren zum Bratensatz geben und mit dem Rotwein und dem Wasser ablöschen. Das Ganze mit Salz und Pfeffer abschmecken und etwas reduzieren. Zum Schluß die Sahne einrühren.
Zu Wachteln und Tauben paßt sehr gut Kartoffelbrei, fränkisch „Grumbernstampfes“.

Mostgockel

1 frisch geschlachteter Hahn

Für die Marinade:
½ Liter trockener Frankenwein oder frischer Most
¼ Liter Wasser
2 EL Weinessig
3 EL Öl
1 TL Thymian
1 Lorbeerblatt
2 TL gehackte Petersilie
Salz
Pfeffer
1 Zwiebel

Zum Braten:
125 g magerer Speck in Würfeln
1 EL Butter
200 g Zwiebelwürfel
eventuell etwas Butterschmalz
1 Knoblauchzehe
2 EL Mehl
1 Glas trockener Frankenwein
¼ Liter Fleischbrühe
1 Kräutersträußchen (Petersilie, Lorbeer, Thymian)
2 Tassen Wasser
1 EL Weinessig

Den Gockel waschen und trockentupfen.
Für die Marinade: Den Wein mit den übrigen Marinadenzutaten gut mischen und die Zwiebel grob hineinschneiden. Den Gockel dann zerteilen, in die Marinade einlegen und 12 Stunden an einem kühlen Ort stehen lassen.
Zum Braten: Die Speckwürfel in der Butter schön braun ausbraten und am Schluß die Zwiebelwürfel mitrösten, bis sie goldgelb sind, dann beiseite stellen.
Den Gockel aus der Marinade nehmen, gut trockentupfen und in der Pfanne im restlichen Speckfett (falls nötig, etwas Butterschmalz dazugeben) von allen Seiten gut anbraten und herausnehmen.
Den Knoblauch durch die Presse drücken und in die Pfanne geben, mit Mehl bestäuben und den Wein und die Brühe angießen. Alles zu einer sämigen Sauce einkochen lassen. Die Sauce nochmals abschmecken, den Gockel in einen Topf legen und die Sauce darübergießen. Das Kräutersträußchen, den angebratenen Speck und die Zwiebelwürfel dazugeben und die durchgesiebte Marinade darübergießen. Den Gockel dann im Ofen bei 180 °C in 40 bis 50 Minuten gar schmoren und gelegentlich mit Wasser übergießen.
Am Schluß die Sauce mit etwas Essig abschmecken und das Kräutersträußchen wieder herausnehmen.
Dazu schmecken Petersilienkartoffeln und Salate.

So ein Gockel auf dem Hof war schon immer etwas Besonderes, denn jeden Morgen ertönte in der Früh sein munteres Kikeriki. Nicht zur Freude von Langschläfern!
Bei den Gockeln fängt in recht jugendlichem Alter der Machtkampf an, der entscheidet, wer letztendlich der Herr der Hühnerschar werden soll. Immer der streitbarste und stärkste. Und so war es früher bei der noch natürlichen Aufzucht dieses Federviehs üblich, die sanfteren, unterlegenen Gockel in den Kochtopf oder die Bratpfanne wandern zu lassen – zur großen Freude von Genießern.

Fränkische Martins- oder Weihnachtsgans

1 küchenfertige Gans von etwa 4,5 kg
Salz
Pfeffer
1 Bund Beifuß
Paprika
heißes Wasser
Majoran
Salbei
1 geviertelte Zwiebel
etwas Speisestärke

Die Gans gründlich säubern und waschen und die Innereien herausnehmen. Kopf und Kragen abschneiden. Die Gans innen und außen gut mit Salz und Pfeffer einreiben. In das Innere kommt die Hälfte des Beifußes, die Außenhaut leicht mit Paprika einreiben.

Die Gans in die Bratpfanne legen und eine Tasse heißes Wasser dazugießen. In die vorgeheizte Bratröhre – Temperatur 220 °C – schieben, wobei in der ersten Hälfte der Bratzeit die Brust nach unten liegt. In die Bratpfanne restlichen Beifuß, eine Prise Majoran, Salbei und die geviertelte Zwiebel geben. Unter häufigem Begießen die Gans nun bei gleichmäßiger Hitze von 180 °C braten und nach 1½ Stunden wenden.

Heißes Wasser muß nach Bedarf nachgegossen werden.

Nach dem Wenden vorsichtig das Fett von der Sauce schöpfen und unterhalb der Keulen mit einer Gabel ins Fleisch stechen, damit überflüssiges Fett abläuft. Dann 1 Stunde weiterbraten.

Während der letzten Stunde der Bratzeit dürfen Sie die Gans nicht mehr begießen, damit die Haut schön knusprig wird.

Nach dem Ende der Bratzeit die Sauce durch ein Sieb gießen und nochmals vorsichtig das Fett abschöpfen. Einen Eßlöffel Speisestärke kalt anrühren, die Sauce damit binden und noch einmal abschmecken.

Zur Gans schmecken am besten fränkische Klöße und Blaukraut.

Wenn man im Sommer in Franken übers Land fährt, hört man ab und zu plötzlich eifriges Geschnatter und Geschrei. Im ersten Moment könnte man denken, es kommt von einer Kinderschar. Doch schnell erweist sich, es sind Gänse, die auf einem eingezäunten Wiesenstück oder am Dorfteich grasen. Ihr Geschnatter ist gut zu verstehen, wenn man bedenkt, wie wenig Zeit ihnen noch bleibt: Denn bald ist Martini, am 11. November, und da landet ein Großteil der Gänse schon auf dem Festtagstisch.

Den Tieren, die hier verschont bleiben, wird eine noch größere Ehre zuteil. Sie kommen an Weihnachten als Festbraten auf den Tisch, was ja immerhin – aus menschlicher Sicht – eine Steigerung bedeutet.

1989er
Scharlachberg
Spätlese - Trocken

Süsse Speisen und Desserts

Apfelkräpfle
Hollerstäudele

APFELKRÄPFLE
4 mittelgroße Äpfel
Saft von 1 Zitrone
2 Eier
1/8 Liter Bier
1/8 Liter Milch
1 Prise Salz
1 TL Zucker
200 g Mehl
Butterschmalz zum Ausbacken
Zucker und Zimt zum Bestreuen

HOLLERSTÄUDELE
10–12 Holunderblütendolden
200 g Mehl
2 Eier
knapp 1/4 Liter Milch
1 Prise Salz
genügend Fett zum Ausbacken
Zucker und Zimt zum Bestreuen

APFELKRÄPFLE

Die Äpfel schälen und das Kerngehäuse mit einem Apfelausstecher herausnehmen. Die Äpfel dann in nicht zu dünne Scheiben schneiden und sofort mit Zitronensaft beträufeln.

Die Eier trennen und das Eiweiß steif schlagen. Aus Eigelb, Bier, Milch, Salz, Zucker und Mehl einen Teig rühren und den Eischnee unterheben.

Die Apfelringe in den Teig eintauchen und sofort schwimmend im heißen Butterschmalz schön knusprig braun ausbacken.

Danach mit zuvor gemischtem Zucker und Zimt bestreuen oder darin wälzen.

Dazu schmeckt Vanilleeis.

Apfelkräpfle werden bei uns auch mal als richtiges fleischloses Mittagessen gegessen. Da braucht man dann schon zwei Äpfel für jeden.

HOLLERSTÄUDELE

Die Holunderblüten waschen und gut abtropfen lassen. Mehl mit den Eiern, mit Milch und Salz zu einem Teig gut verquirlen. Nun die Hollerblüten im Backteig wenden und schwimmend im heißen Fett goldbraun ausbacken. Anschließend mit Zucker und Zimt bestreuen.

Die Hollerblüten künden den Sommer an – Hollerküchle sind eine typische Spezialität aus der Region südlich des Mains. Und was nicht als Küchle unter die Menschen kommt, gibt herrlichen, gesunden „Fliedersaft" oder Hollergelee, Sirup, Punsch und so weiter, mit unzähligen Verwendungsmöglichkeiten. Der Saft ist übrigens nicht nur ein guter Durstlöscher, sondern wird auch in der Naturmedizin gegen Fieber oder bei Erkältungen eingesetzt.

Flieder-
Saft

Kirschen- oder Zwetschgenmännle

1,5 kg Süß- oder Herzkirschen
(im Spätsommer und Herbst: Zwetschgen)
1 kg Weißbrot
½ Liter Milch
4 Eier
etwas Salz
100 g Zucker
1 Prise Zimt
etwas abgeriebene Zitronenschale
40 g zerlassene Butter
Butter zum Ausfetten und für Flöckchen
Zucker und Zimt zum Bestreuen

Tip:
Das Kirschenmännle soll eine schön knusprige Kruste haben und innen saftig bleiben. Oft wird es in Franken als Hauptgericht gegessen.

Frische Kirschen entsteinen, eingemachte abtropfen lassen.
Das Weißbrot in Stücke schneiden, in eine Schüssel geben und in ¼ Liter lauwarmer Milch einweichen. Dann das Brot ausdrücken und wieder in eine große Schüssel geben.
Jetzt die Eier mit der restlichen Milch, dem Salz, Zucker, Zimt und Zitronenschale verrühren und alles zusammen mit der zerlassenen Butter zum Brot geben und gut vermischen.
Nun die entsteinten Kirschen daruntermischen, die Masse in eine gut ausgebutterte Auflaufform füllen, Butterflöckchen darauf verteilen und im vorgeheizten Backofen bei 180 °C 40 bis 50 Minuten backen. Nach Belieben mit zuvor gemischtem Zucker und Zimt bestreuen.

Das „Kerschenmännle" gibt es meistens im späteren Frühjahr, wenn die ersten Frühkirschen reif sind. Da sich zum Einmachen die späteren Sorten besser eignen, werden die Frühkirschen entweder frisch gegessen oder dann zu Süßspeisen, wie dem Kerschenmännle oder auch zu Kuchen, weiterverarbeitet.
So kann man sich erst einmal richtig an Kirschen satt essen, bis der Baum im Garten geleert ist. Außerdem tut da ja immer Eile not, um den Amseln zuvorzukommen.
Und ist die Zeit der Kirschen ganz vorüber, hängen – so man sie im Garten hat – die Bäume voller herrlicher Zwetschgen, der willkommenen Variante zu Kirschen für die beliebten „Männle".

Fränkischer Pfannkuchen

Pfannkuchen kennt jeder. Die fränkische Variante ist wohl noch nicht so verbreitet – was wir aber gerne ändern wollen. Bestrichen mit einer Mischung aus Zwetschgenmus, Zwetschgenwasser und Sahne wird er zu einer echten Delikatesse. Und wieviel man davon ißt? – Soviel man verträgt.

Für den Teig:
250 g Weizenmehl
½ Liter Milch
1 Prise Salz
3 Eier
1 Schuß Öl

Fett zum Ausbacken

Für die Füllung:
200 g Zwetschgenmus
etwas Zwetschgenwasser
¼ Liter süße Sahne

Puderzucker zum Bestreuen

Für den Teig: Mehl, Milch, Salz, Eier und Öl zu einem etwas flüssigen Teig rühren. Fett in einer Pfanne heiß werden lassen und aus dem Teig dünne Pfannkuchen (Fladen) ausbacken.
Für die Füllung: Zwetschgenmus, Zwetschgenwasser und steifgeschlagene Sahne miteinander vermischen, die fertigen Pfannkuchen mit der Masse bestreichen und zusammenrollen.
Mit Puderzucker bestreut servieren.

SCHEITERHAUFEN
KARTÄUSERKLÖSSE

SCHEITERHAUFEN
10 nicht mehr ganz frische Wecken (Semmeln, Brötchen)
3/8 Liter Milch
3 Eier
50 g Zucker
1 Prise Salz
8 Äpfel
Saft von 1 Zitrone
50 g Sultaninen
30 g Butter
250 g Quark (10 % Fett)
80–100 g saure Sahne
1 EL Zucker

KARTÄUSERKLÖSSE
6–8 altbackene Wecken (Semmeln, Brötchen)
2 Eier
1/2 Liter Milch
40 g Zucker
1 Päckchen Vanillezucker
etwas abgeriebene Zitronenschale
Semmelbrösel (Paniermehl)

Fett zum Ausbacken
Zucker und Zimt zum Wälzen

SCHEITERHAUFEN
Die Wecken in feine Scheiben schneiden und in eine Schüssel geben. Die Milch mit den Eiern, dem Zucker und dem Salz gut verquirlen und darübergießen. Die Äpfel schälen, entkernen und grob in eine Schüssel raspeln. Sofort den Zitronensaft darübergeben und mit den Sultaninen mischen. Eine Auflaufform gut ausbuttern und die Brötchen abwechselnd mit der Apfelmasse einschichten. Als letzte Schicht sollten Brötchen obenauf sein, die etwas glattgestrichen werden. Der Auflauf wird im vorgeheizten Backofen bei 200 °C etwa 1/2 Stunde gebacken. Dann den Quark mit der sauren Sahne und dem Zucker verrühren, über den Scheiterhaufen gießen und den Auflauf in weiteren 10 bis 15 Minuten schön braun überbacken.
Dazu schmeckt eine Vanillesauce.

Der Name dieses Auflaufs stammt sicher von seinem Aussehen, denn wenn die geschnittenen Semmeln so aufeinander liegen, sieht es aus wie ein Haufen von Holzscheiten.

KARTÄUSERKLÖSSE
Die harten Rinden von den Wecken abreiben und die Wecken halbieren. Eier trennen. Milch mit Eigelben, Zucker, Vanillezucker und Zitronenschale verquirlen, die Wecken darin aufweichen lassen. Weckhälften etwas ausdrücken und im geschlagenen Eiweiß und dann in den Semmelbröseln wenden. Jetzt in reichlich heißem Fett schwimmend ausbacken und sofort in zuvor gemischtem Zucker und Zimt wälzen. Auf einer warmen Platte anrichten und dazu Weinschaumsauce (siehe Rezept S. 164) reichen.

Gerade solche süßen Speisen findet man in alten fränkischen Kochbüchern reichlich, denn Fleisch war nur an Sonn- und Feiertagen gebräuchlich. Unter der Woche gab's dann (oft am Mittwoch) vielleicht einmal gebackene Wurst oder Hackbraten. Sonst standen entweder fleischlose Gerichte oder Süßspeisen auf dem Speisezettel. Den Kartäusern, von denen diese Klöße ihren Namen haben, war es strikt untersagt, das Fleisch von Vierbeinern zu essen. So erfanden sie diese delikate Fastenspeise.

HIFFENCREME

6 Blatt weiße Gelatine
½ Vanilleschote
¼ Liter Milch
5 Eigelb
¼ Liter süße Sahne
100 g Hiffenmark
(Hagebuttenmark)

Die Gelatine in kaltem Wasser einweichen. Die Vanilleschote längs aufritzen und das Vanillemark herauskratzen. Das Mark und die leeren Vanilleschoten mit der Milch erhitzen, wieder etwas abkühlen lassen und die Schoten herausnehmen.
Die Eigelbe mit der Hälfte der lauwarmen Milch verrühren und im warmen – nicht über 70 °C – Wasserbad dickcremig aufschlagen. Dabei die restliche Milch nach und nach zugeben. Die Gelatine ausdrücken und in der heißen Creme nacheinander auflösen. Die Creme im eiskalten Wasserbad wieder kalt schlagen. In der Zwischenzeit die Sahne steif schlagen.
Jetzt nacheinander das Hiffenmark und die geschlagene Sahne unter die Creme rühren und diese im Kühlschrank in 2 bis 3 Stunden fest werden lassen.

In Franken heißen die Hagebutten Hiffen; im Herbst schmücken sie den Wegesrand. Heute macht sich kaum noch jemand die Mühe, die Früchte zu sammeln, denn Hiffenmark herzustellen ist eine mühselige Arbeit. Das saubere Herauskratzen der Kerne, die an den Händen Juckreiz auslösen, ist am schwierigsten. Die Beerenhälften werden mit Weißwein oder Wasser angesetzt, einige Tage zugedeckt in den Keller gestellt, dann durch ein Sieb gedrückt, gezuckert und eingekocht. Der Geschmack ist natürlich ganz anders als bei gekauften Produkten – die Mühe lohnt sich.

Versoffene Jungfern

Wenn es für die Erwachsenen ab und zu versoffene Jungfern gab, haben wir Kinder meist eine andere Süßspeise wie Pfannkuchen, Reis- oder Grießbrei bekommen.
Aber der Duft, wenn die heißen Krapfen mit dem Rotwein übergossen wurden, hat uns doch ab und zu verleitet, wenn gerade mal niemand in der Nähe war, ein kleines Stückchen zu probieren. Und als Kinder waren wir ziemlich erstaunt, wie den Erwachsenen so etwas schmecken kann . . .

Für den Teig:
3 Eier
100 g Zucker
70 g Mehl
etwas abgeriebene Zitronenschale

Fett zum Ausbacken

½–¾ Liter heißer Rotwein
100 g Zucker
2 Stangen Zimt

Die Eier trennen. Eiweiße zu steifem Schnee schlagen. Schaummasse aus Eigelben und Zucker rühren, Mehl, Zitronenschale und Eischnee unterheben. Rotwein und Zucker erhitzen und den Zimt dazugeben.
Teig mit einem Eßlöffel in heißes Backfett abstechen und von allen Seiten goldbraun backen. Gut auf Küchenpapier abtropfen lassen, in eine flache Schüssel legen und sofort mit dem heißen, gewürzten Rotweingemisch übergießen und servieren.

Lebkuchenpudding

400 g weißer oder brauner Lebkuchen ohne Oblaten
1/4 Liter Milch
6 Eier
50 g Zucker
150 g weiche Butter
Saft von 1 Zitrone
150 g Rosinen
100 g gemahlene Mandeln
1 TL Zimt
2 EL Grieß

Für die Form:
Butter

Für die Weinschaumsauce:
1/2 Liter trockener Weißwein
3 Eigelb
100 g Zucker

Den Lebkuchen in kleine Stücke schneiden und in der Milch einweichen. Die Eier trennen und die Eigelbe mit dem Zucker und der Butter schaumig schlagen. Den Lebkuchen unter die Eiercreme mischen, den Zitronensaft, die Rosinen, die Mandeln, den Zimt und den Grieß unterrühren. Die Eiweiße zu steifem Schnee schlagen und unter die Masse heben.
Die Puddingform mit Butter ausstreichen, Puddingmasse einfüllen und in der Form verteilen. Die Form in einen Topf mit kochendem Wasser stellen, das Wasser sollte aber nur bis 5 cm unter den Rand reichen. Den Pudding jetzt in nur leicht sprudelndem Wasser etwa 1 Stunde garen.
In der Zwischenzeit die Weinschaumsauce zubereiten: Den Wein erwärmen. Die Eigelbe mit dem Zucker in einen Schlagkessel geben, den warmen Wein unter Rühren dazugießen und die Sauce im heißen Wasserbad bis zur Rose abziehen, also bis sie cremig ist. Dann den Weinschaum wieder etwas kaltschlagen und servieren, sobald der Pudding fertig ist.
Die Puddingform nach der Garzeit etwas stehen lassen, öffnen und den Pudding herausstürzen. Am besten noch heiß mit der Weinschaumsauce servieren.

Der Lebkuchenpudding wird gerne nach Weihnachten gemacht, wenn noch Lebkuchen vom Fest übrig sind – dann ist dieses Dessert ein herrlicher Abschluß der Weihnachtszeit.

hergestellt aus
fränkischen
Trauben

Kuchen, Torten, Plätzchen und Gebäck

Herbstblootz mit Äpfeln und Birnen

etwas Butter fürs Blech
500 g Mehl
1 Würfel frische Hefe
25 g Zucker
¼ Liter warme Milch
70 g Butter
1 Ei
1 Prise Salz
abgeriebene Schale von ½ Zitrone

Zum Belegen:
750 g Äpfel
750 g Birnen

Für die Streusel:
350 g Mehl
200 g Zucker
1 Päckchen Vanillezucker
200 g Butter

100 g Korinthen

Ein Backblech buttern. Das Mehl in eine Schüssel sieben, eine Mulde hineindrücken, die Hefe hineinbröckeln und mit etwas Zucker, ein wenig Mehl und der warmen Milch zu einem Vorteig verrühren. Zugedeckt etwa 15 Minuten gehen lassen. Den restlichen Zucker, die geschmolzene Butter, das Ei, Salz und Zitronenschale zum Vorteig geben und alles vermischen. Den Teig etwa 15 Minuten lang durchschlagen, bis er Blasen wirft, und weitere 15 Minuten gehen lassen.
In der Zwischenzeit die Äpfel und die Birnen schälen, vierteln, entkernen und in Spalten schneiden. Den Teig ausrollen und das Backblech damit belegen. Die Apfel- und Birnenspalten dicht darauf auslegen. Den Backofen auf 210 °C vorheizen.
Für die Streusel: Das Mehl in eine Schüssel sieben, mit dem Zucker und Vanillezucker mischen, die zerlassene Butter dazugeben und alles zu Streuseln verreiben. Diese dann über dem Obst verteilen und die Korinthen darüberstreuen.
Den Blootz auf der mittleren Schiene 20 bis 25 Minuten backen.

Im Herbst, wenn in den Gärten die Äpfel und Birnen reif werden, gibt es jeden Tag Fallobst, das man vielfältig verwenden kann.
Einmal wird ein Kuchen gebacken, am nächsten Tag gibt es Kompott oder Apfelbrei. Auf jeden Fall kann man sich so ausgiebig an seiner Obsternte erfreuen.

Rhabarberblootz mit Streuseln

Für den Teig:
500 g Mehl
1 Würfel frische Hefe
100 g Zucker
1/4 Liter Milch
100 g Butter
1 Prise Salz
1 TL abgeriebene Zitronenschale
1 Ei

Zum Belegen:
1,5 kg Rhabarber
250 g Zucker

Für die Streusel:
300 g Mehl
150 g Zucker
1 EL Vanillezucker
1 Prise Salz
1 Messerspitze Zimt
150 g Butter

Butter fürs Blech
Semmelbrösel (Paniermehl)

Für den Teig: Das Mehl in eine Schüssel sieben, die Hefe hineinbröckeln und mit 1 Teelöffel Zucker, einer halben Tasse angewärmter Milch und etwas Mehl verrühren.
Den Hefeteig etwa 20 Minuten an einem warmen Ort zugedeckt gehen lassen.
Die Butter schmelzen und mit der übrigen Milch, dem restlichen Zucker, dem Salz, der Zitronenschale und dem Ei verrühren. Den Hefeteig damit gut mischen und das Mehl dabei unterarbeiten. Den Teig jetzt zugedeckt 30 Minuten gehen lassen.
Von den Rhabarberstangen die Enden abschneiden und die Schale in Fäden abziehen. Den Rhabarber in 3 cm lange Stücke schneiden und mit dem Zucker und 4 Eßlöffeln Wasser in 10 Minuten garen, dann in ein Sieb schütten und abkühlen lassen.
Für die Streusel: Das Mehl bis auf 1 Eßlöffel mit dem Zucker, Vanillezucker, Salz und Zimt mischen. Die Butter zerlassen, darübergießen und alles zu Streuseln zerreiben. Dabei das restliche Mehl für die Hände verwenden.
Die Fettpfanne des Backofens gut ausbuttern. Den Hefeteig ausrollen, darauflegen und dünn mit Semmelbröseln bestreuen.
Jetzt den Rhabarber darauf verteilen und die Streusel darübergeben. Den Kuchen noch 10 Minuten gehen lassen, dann den Backofen auf 200 °C vorheizen und den Kuchen in 40 Minuten goldbraun backen.

Im Frühjahr, wenn es den ersten Spargel auf den Sandböden im Maintal gibt, kommt ziemlich parallel dazu der Rhabarber, beide dürfen bis Johanni, 24. Juni, geerntet werden und sind eine richtige Frühjahrskur.

Kartoffeltorte

Zutaten für eine Springform von 26 cm Durchmesser

300 g gekochte Kartoffeln vom Vortag
75 g Rosinen
2 EL Rum
4 Eier
200 g Zucker
100 g Mehl
50 g Stärke
2 TL Backpulver
abgeriebene Schale von 1 Zitrone
½ TL gemahlener Zimt
125 g gemahlene Haselnüsse
Butter für die Form
Semmelbrösel (Paniermehl)

Für den Guß:
200 g Puderzucker
2 EL Rum
3 EL Johannisbeergelee

12–16 Marzipankartoffeln zum Verzieren

Die Kartoffeln schälen und durch die Kartoffelpresse drücken oder fein reiben. Die Rosinen heiß waschen, trockentupfen und mit dem Rum übergießen.
Die Eier trennen, die Eigelbe mit dem Zucker schaumig rühren. Das Mehl mit der Stärke und dem Backpulver mischen und alles zusammen mit der Zitronenschale, dem Zimt, den Kartoffeln, den Nüssen und den Rosinen unter die Schaummasse mengen. Die Eiweiße steif schlagen und ebenfalls unterheben.
Den Backofen auf 200 °C vorheizen. Die Form ausbuttern und mit Semmelbröseln ausstreuen. Den Teig in die Form füllen und glattstreichen.
Die Torte 50 Minuten backen. Dann den Puderzucker mit dem Rum und 1 Eßlöffel Wasser zu einem Guß glattrühren.
Die kalte Torte erst mit dem angewärmten Gelee überziehen und dann den Guß darüberstreichen. Als letztes die Torte mit den Marzipankartoffeln hübsch garnieren.

Sicher ist dies eine etwas ungewöhnliche Torte. Doch wer das Rezept einmal ausprobiert hat, wird es bestimmt in seine Kartei übernehmen, denn der herzhafte Geschmack begeistert.

Schwarzbrottorte

Zutaten für eine Springform von 26 cm Durchmesser

200 g feines Roggenbrot
150 g Mandeln
6 Eier
225 g Zucker
1 EL Mehl
1 TL Backpulver
2 EL Kirschwasser
3/8 Liter süße Sahne
Butter und Semmelbrösel (Paniermehl) für die Form

400 g entsteinte Sauerkirschen

Das Brot kleinwürfeln und in einer Pfanne unter ständigem Rühren rösten, ohne es bräunen zu lassen.
Jetzt die Mandeln mahlen und die Eier trennen. Die Eigelbe schaumig schlagen und dabei 200 g Zucker langsam einrieseln lassen.
Das Mehl mit dem Backpulver mischen. Zuerst die erkalteten Brotwürfel unter die Eiermasse ziehen, dann das Mehl und das Kirschwasser ebenfalls unterziehen.
Die Eiweiße zu steifem Schnee schlagen und unter den Teig heben. Den Backofen auf 200 °C vorheizen.
Die Springform gut ausbuttern und ausbröseln, den Teig einfüllen und 40 Minuten backen. Den Kuchen auskühlen lassen.
Die Sahne mit dem restlichen Zucker steif schlagen.
Den kalten Tortenboden in der Mitte durchschneiden und auf dem unteren Boden 2 Eßlöffel Schlagsahne verstreichen.
Jetzt die Kirschen darauf verteilen und 16 Stück für die Garnierung zurückbehalten.
Nochmals 2 Eßlöffel Schlagsahne auf den Kirschen verteilen und dann den zweiten Boden aufsetzen. Die ganze Torte mit Schlagsahne überziehen, mit einem Spritzbeutel Rosetten aufspritzen und mit den restlichen Kirschen schön garnieren.
Die Torte kühl stellen und erst dann genießen.

Das ist ein herzhaftes Gebäck zur Kirschenzeit, denn mit frischen Kirschen schmeckt die Torte besonders gut.
Aber auch mit Birnen hat sie ihren Reiz – bitte das Kirschwasser dann durch Birnengeist ersetzen.

WEINSBERGER TORTE

180 g geriebenes Schwarzbrot
1/8 Liter Weißwein
10 Eier
180 g Zucker
125 g geriebene Mandeln
90 g Zitronat
90 g Orangeat
1 EL Zimt
Butter und Semmelbrösel (Paniermehl) für die Form
1/4 Liter Glühwein

Das geriebene Schwarzbrot etwa 1/4 Stunde mit dem Wein anfeuchten. In der Zwischenzeit die Eier trennen, Eigelbe mit Zucker schaumig rühren, Eiweiße zu Schnee schlagen. Dann die getränkten Brotbrösel mit der Ei-Zucker-Masse mischen. Mandeln, Zitronat und Orangeat dazugeben. Mit Zimt würzen und den Eischnee unterheben.
Die Masse in eine gefettete und mit Semmelbröseln ausgestreute Form füllen und im vorgeheizten Backofen etwa eine 3/4 Stunde bei 180 °C backen.
Danach auskühlen lassen und schließlich noch mit Glühwein tränken.

Die Weinsberger Torte ist ein ganz altes Rezept aus einer Zeit, als man für die Torten noch keinen Biskuitboden verwendet hat. Damit eine saftige Torte entstehe, hat man auch kein Mehl verwendet, sondern Brösel von nicht mehr ganz frischem Schwarzbrot. Die Brotreste wurden aufgehoben, getrocknet und für die Torte sinnvoll weiterverwendet.

Brottopf

Omas Käseplätzchen
Knienudeln

OMAS KÄSEPLÄTZCHEN
500 g Mehl
500 g Butter
500 g frisch geriebener Gouda
etwas Salz
Paprikapulver
4 Eigelbe
2 EL süße Sahne

Zum Verzieren:
Nüsse, Sesamsamen, Kümmel

KNIENUDELN
1 kg Mehl
3/8 Liter lauwarme Milch
1 Prise Salz
20 g Hefe
3 Eier
100 g Butterschmalz
20 g Zucker
Butterschmalz zum Ausbacken
Zucker und Zimt oder Puderzucker

OMAS KÄSEPLÄTZCHEN

Alle Teigzutaten miteinander verkneten und über Nacht im Kühlschrank in Folie eingewickelt stehen lassen.
Am nächsten Tag den Teig ausrollen und mit kleinen Formen ausstechen, mit Eigelb und etwas Sahne bestreichen. Die Plätzchen je nach Geschmack mit Nüssen, Sesamsamen, Kümmel verschieden verzieren. Im auf 190 °C vorgeheizten Backofen 10 bis 15 Minuten backen. Gebäck nicht zu braun werden lassen, sonst wird der Käse bitter.

Das sind ganz andere Plätzchen, als wir sonst gewohnt sind, nämlich pikante! Sie sind eine ideale Beigabe zu einem guten Gläschen Frankenwein, damit der Alkohol nicht so zu Kopfe steigt.

KNIENUDELN

Teig aus Mehl, lauwarmer Milch, Salz, Hefe, Eiern, Butterschmalz und Zucker bereiten und zugedeckt an einem warmen Ort etwa 1 Stunde gehen lassen, bis der Teig die doppelte Größe hat.
Den Teig nochmals durchkneten und mehrere lange Rollen formen. Davon Nudeln, wie Rohrnudeln, abstechen und Klöße formen. Zugedeckt etwa 30 Minuten gehen lassen, dann mit gefetteten Fingern auf einem Tuch über die Knie ausziehen und in heißem Butterschmalz hellbraun ausbacken.
Danach gleich in zuvor gemischtem Zucker und Zimt wenden oder mit Puderzucker bestäuben.

Die Knienudeln oder Fensterküchle heißen deshalb so, weil die Hausfrauen aus gut aufgegangenem Hefeteig erst Krapfen geformt, sich einen sauberen Baumwollappen übers Knie gelegt und dann die Küchle darüber ausgezogen haben.
Oma sagte immer: „Die Knienudeln sind nur richtig gelungen, wenn man durch die Mitte Zeitung lesen kann.“

Muskazinen

300 g gehäutete Mandeln
250 g Zucker
3 Eier
1 TL Zimt
2 Messerspitzen frisch geriebene Muskatnuß
200 g Mehl

Die Mandeln durch die Mühle drehen. Den Zucker mit den Eiern weißschaumig rühren. Zimt, Muskat und Mandeln untermischen. Mehl über die Schaummasse sieben und nach und nach unterrühren. Den Teig zugedeckt bei Raumtemperatur 2 Stunden ruhen lassen.
Den Backofen auf 180 °C vorheizen, das Backblech mit Backpapier auslegen. Aus dem Teig mit bemehlten Händen kirschgroße Kugeln formen, mit genügend Abstand voneinander auf das Backblech legen und etwas flach und oval drücken. In der Mitte dürfen sie ein wenig schmäler sein. Die Muskazinen gehen beim Backen auf und laufen etwas auseinander.
Die Plätzchen auf der mittleren Schiene im Backofen in etwa 10 Minuten goldgelb backen, auf einem Kuchengitter auskühlen lassen.

Dettelbach ist eine schöne fränkische Kleinstadt am Main. Von dort kommen die Muskazinen, die in der Mitte des vergangenen Jahrhunderts der Konditormeister Urban Degen erfunden hat. Das Rezept hat er erst nach seinem Tod an seine Berufskollegen weitergeben lassen. So konnten nun auch diese die Muskazinen herstellen, die ihren Namen von einem kräftigen Muskatgeschmack haben. Die Form dieser Plätzchen erinnert an eine Krawattenschleife, die als Vorlage gedient haben soll.
Die Dettelbacher Muskazinen sind immer noch etwas geheimnisumwittert und dürfen zum Verkauf nur dort hergestellt werden.

Braune Weihnachtsplätzle

500 g Honig
500 g Zucker
4 Eier
1 EL Zimt
1 TL Nelken
abgeriebene Schale von
1 Zitrone
1 kg Mehl
je 2 gestrichene TL Hirschhornsalz und Pottasche

Den Honig erhitzen und den Zucker darin auflösen; die Masse abkühlen lassen. Die Eier mit den Gewürzen schaumig schlagen und mit der Honigmasse verrühren. Dann das Mehl mit dem Hirschhornsalz mischen und unter die Masse heben. Zuletzt die in wenig warmem Wasser aufgelöste Pottasche untermischen.

Den Teig nun zugedeckt 24 Stunden ruhen lassen und dann auf ein gefettetes Backblech mit einem Teelöffel kleine Häufchen setzen.

Die braunen Plätzchen bei 180 °C im vorgeheizten Backofen etwa 30 Minuten backen.

Wenn wir in der Weihnachtszeit bei unserer Oma zu Besuch waren, konnten wir es gar nicht abwarten, bis sie sagte: „Geh, hol uns ein paar Braunerle aus der Kammer.“ Die Kammer war Omas Schlafzimmer, und da wurden die Plätzchen in einem kleinen Schrank sicher aufbewahrt.

So sind die Braunerle bis heute etwas ganz Besonderes für uns geblieben.

PFLAUMENTÄSCHCHEN

300 g tiefgefrorener Blätterteig (5 Platten)
100 g Backpflaumen ohne Steine
25 g Orangeat
4 EL Trester (Traubenschnaps)
1 Ei
100 g geriebene Mandeln

Zum Bestäuben:
etwas Puderzucker

Den Blätterteig auftauen lassen. Die Backpflaumen und das Orangeat würfeln, mit dem Trester mischen und 30 Minuten quellen lassen.
Die Blätterteigscheiben halbieren und auf einer bemehlten Arbeitsfläche 10 Quadrate von 7x7 cm ausrollen. Zwei der Quadrate in jeweils 4 kleine Quadrate schneiden.
Den Backofen auf 200 °C vorheizen, das Backblech kalt abspülen. Das Ei trennen, das Eiweiß mit den Mandeln, den Pflaumen und der Quellflüssigkeit im Mixer fein pürieren. Das Püree auf den größeren Teigquadraten verteilen, die Ecken über die Füllung legen. Das Eigelb mit 1 Teelöffel Wasser verquirlen und die Oberflächen der Täschchen damit bestreichen. Die kleinen Quadrate jeweils in die Mitte legen und ebenfalls mit Eigelb bestreichen.
Die Täschchen auf das Backblech legen und auf der mittleren Schiene in etwa 20 Minuten goldgelb backen, mit Puderzucker bestäuben.

Für die Pflaumentäschchen werden getrocknete Pflaumen verwendet, die man in Franken auch „Hutzeln" nennt.
Heute gibt es moderne Dörrgeräte, doch früher war es noch mühselig, Pflaumen richtig zu trocknen. Dazu wurden die Früchte entkernt, ohne sie aufzuschneiden, der Kern wurde herausgedrückt. Danach wurden die Pflaumen auf Baumwollschnüre aufgefädelt und an einem kühlen, trockenen Ort, meist auf dem Dachboden, aufgehängt.
Hutzelmännle, die zur Weihnachtszeit auf keinem fränkischen Christkindlmarkt fehlen, zeugen von der Beliebtheit des getrocknetes Obstes.

Feiner
Fränkischer

Die Rezepte nach Gruppen

Soweit in den Rezepten nichts anderes vermerkt ist, sind die Zutaten für vier Personen berechnet.

Süßspeisen und Desserts

Kuchen, Torten, Plätzchen und Gebäck

Die Rezepte alphabetisch

Soweit in den Rezepten nichts anderes vermerkt ist, sind die Zutaten für vier Personen berechnet.

Bildquellen
Impressum

Roland Bauer: 38, 48, 112, 120, 124, 134, 140, 176
Bavaria: Emil Bauer 60; Günter Beck 43; HL 6; Wolfgang Meier 31, 51; Tschanz-Hofmann 102; Harald Theißen 44
Bilderberg: Thomas Ernsting 74; Milan Horacek 8, 34, 37 (beide), 40, 66, 68, 84
IFA: Amadeus 55; Gyarmathy 162; Lecom 16; Schösser 56; TPL 39
Mauritius: Hackenberg 184; Mollenhauer 49; Nägele 10/11; Poehlmann 2; Witzgall 19
Friedhelm Messow: 160
Franz Roth: 7, 28, 41
Gregor M. Schmid: 9, 22/23, 24, 136, 144
Sigloch Bildarchiv: Hans Joachim Döbbelin 12, 62/63, 80/81, 88, 94/95, 96, 104/105, 122/123, 150/151, 156, 166/167 und alle ungeraden Seitenzahlen 65–185
Erich Spiegelhalter: 50
Studio für Landkartentechnik, Norderstedt: 4/5
Walter Thierfelder: 13, 14, 15, 20, 21, 25, 26, 27, 29, 32, 33, 42, 45, 47, 53, 54, 58, 59, 108, 180
Wolf-Dietmar Unterweger: 35, 92

Reproduktion: Otterbach Repro, Rastatt
Satz: Lihs, Satz und Repro, Ludwigsburg
Druck: Universitätsdruckerei H. Stürtz AG, Würzburg
Papier: 135 g/m² BVS plus, glänzend chlorfrei
der Papierfabrik Scheufelen, Lenningen
Bindearbeiten: Sigloch Buchbinderei, Künzelsau
ISBN 3-89393-103-1

Reihenweise Kulinarische Kostbarkeiten